D1688139

UNANTASTBAR

MAPIDARI LEKAMAMO, 42,
SAMBURU.
MARALAL, KENIA.

UNANTASTBAR
VON DER WÜRDE DES MENSCHEN

FOTOGRAFIEN
GÜNTER PFANNMÜLLER

ESSAYS
WILHELM KLEIN

VORWORT
WADE DAVIS

ZWEITAUSENDEINS

VORWORT

WADE DAVIS

Auf den ersten Blick wirken Form und Inhalt dieses exquisiten Buches, zumindest für den Ethnologen, leicht irritierend. Schließlich ist Würde nicht ein Wesenszug eines Volkes, sie ist eine Charaktereigenschaft von Individuen, und in jeder Kultur gibt es Menschen, die sie haben, und Menschen, die sie nicht haben. Würde ist schwer zu fassen und nicht messbar. Sie ist nicht nur in abgelegenen Winkeln ferner Länder zu finden, sondern auch auf den Straßen unserer Städte. Ein würdevoller Mensch – sei er nun Stammesältester der Rendille, Schamane der Barasana, wandernder Sadhu, Varietédarsteller oder Banker in New York – hat Ausstrahlung; er ist aufgeschlossen und mit einer Präsenz des Seins ausgestattet, die uns magnetisch zu ihm hinzieht. Man will seinem Schatten folgen, im Glanz seiner Integrität baden.

Die Idee, dass Würde etwas ist, was man suchen müsse, oder dass wir erstaunt sein müssten, wenn wir ihr Vorhandensein bei Völkern bemerken, die für uns genauso exotisch sind wie wir für sie, ist überraschend. Die Autoren bewegen sich hinsichtlich ihres Stils wie auch der Wahl der Form und der Technik auf einem sensiblen Terrain.

Fotografie und Anthropologie wurden im gleichen Jahrzehnt flügge, und das ganze 19. Jahrhundert hindurch diente vor allem die Kamera als ein Instrument, um die Exotik anderer zu übertreiben, die Kluft zwischen den Kulturen zu verbreitern und ein sozialdarwinistisches Denkschema durchzusetzen, in dem stets das viktorianische England an der Spitze der kulturellen Erfolgsleiter zu finden war. Als Wissenschaftler Brustumfang und Schädelgröße einer Unzahl von Ureinwohnern vermaßen, was Michael Taussig nachsichtig die »Penis-Schule der Anthropologie« genannt hat, waren stets Kameras dabei, die im Profil und von vorne die perplexen Gesichter der Personen festhielten, die immer einzeln vor einem neutralen Hintergrund standen, wodurch die Szene den düsteren Anstrich und Anschein wissenschaftlicher Objektivität bekam. Selbst heute fällt es schwer, das Porträt eines Eingeborenen – so wunderbar es sein mag – zu betrachten, das isoliert vor einem solchen Hintergrund aufgenommen wurde, ohne an die schmutzige Geschichte zu denken, als die Wissenschaftler der anthropometrischen Fehleinschätzung des Menschen frönten.

Das transportable Studio mit seinem neutralen Hintergrund, als ob es ohne Text und Geschichte wäre, erinnert an die gemalten Hintergründe der Frontier-Fotografen des amerikanischen Westens, die Geronimo und Sitting Bull in der Niederlage, in ihrer stoischen Indifferenz und resignierten Größe einfingen und einfroren, die nicht das Charakteristikum ihres Volkes waren, wie diese Bilder uns glauben ließen, sondern vielmehr die Folge hundertjährigen unglaublichen Leids. Edward Curtis betrachtete die Fotografie als eine Rettungsoperation, bei der die Dargestellten mit der expliziten Intention Modell standen, die letzten Überreste dessen festzuhalten, was er als eine zum Untergang verurteilte Welt ansah. Seine Sepia-Fotos haben etwas Vergängliches, wie es auch die Kultur der Abgebildeten war. Curtis gab im Rahmen seines Bildausschnitts dem Leben, das er dokumentierte, einen Kontext des Unwiederbringlichen. Bei den hier gezeigten Fotos stoßen wir in erster Linie auf die Form, es sind Porträts, aufgenommen mit den technischen Mitteln unserer Zeit, die so stilvoll wie die eines eleganten Modemagazins sind.

Unerwarteterweise gewinnen diese Bilder dadurch und werden durch die Intensität und die Aufmerksamkeit der Abgebildeten und der Künstler ins Sublime gehoben. Die Sensibilität ist offensichtlich und die bewusste Entscheidung für diese Methode – trotz des Risikos, mit der Vergangenheit verglichen zu werden – erlaubte es ihnen, die inhärenten Grenzen der Technik zu transzendieren. Auf diese Weise werden ganz verblüffend Ort und Geschichte heraufbeschworen, die sich geheimnisvollerweise nicht in den Details oder der Szenerie offenbaren, sondern in der juwelengleichen Qualität der Fotos selbst, der reinen Schönheit des Lichts, dem Wunder eines Blickes oder Lächelns, die den Keim eines Volkes isolieren. Es sind Bilder, die die Essenz der so hervorragend porträtierten Individuen, den eigentlichen Geist der Kultur, in die sie geboren wurden, auf wundersame Weise vermitteln. Selten hat natürliches Licht so viel auf Film geoffenbart.

Wenn man die Fotos betrachtet, die tanzenden Mädchen aus Rajasthan, die Karo-Jäger aus Äthiopien, die Samburu-Krieger der Savannen Nordkenias, sollte man nicht vergessen, dass jeder dieser Menschen eine Geschichte hat, ein Netzwerk von Verwandtschaftsbeziehungen, einen Platz in einer gesellschaftlichen Organisation, die den Vater mit dem Sohn verbinden, die Schwester mit dem Cousin, den Ehemann mit der Ehefrau. Kurz, dass jeder eine Rolle in der Saga seines Volkes spielt. Alle hier porträtierten Männer und Frauen wuchsen von Regeln eingeschränkt auf, von der Wildnis berührt, mit dem Saatkult, dem Jagdzauber und der Heilkraft der Pflanzen gesegnet. In Tempeln und auf Feldern, auf Berghängen und in der Schattenwelt der Träume lernten sie die Wege und Weisen der Geister, die Textur der Seele, die Bedeutung der Sterne kennen. Flüsse durchziehen ihre Heimat, Wälder bieten Schutz vor dem schrecklichen Himmel, die Luft ist erfüllt von den berauschenden Möglichkeiten des Lebens. In den Häusern aus Gras und Stein werden Kinder geboren, wachsen Jugendliche heran, verbinden sich Liebende und werden die Alten in das Reich der Toten begleitet.

Es sind die Gesichter der Menschheit, eine kleine Auswahl aus der Bandbreite menschlicher Vorstellungskraft, die von der Kultur hervorgebracht wurde. Wenn wir uns diese Fotos ansehen, sollten wir daran denken, was verloren geht, wenn wir von einer bunten Welt der Vielfalt in die einfarbige Welt der Monotonie driften.

Als unsere Väter und Mütter geboren wurden, wurden auf der Erde vielleicht 6000 Sprachen gesprochen. Eine Sprache ist natürlich mehr als lediglich ein Haufen Wörter, sie ist ein Blitz des menschlichen Geistes, das Vehikel, durch das die Seele einer Kultur in die materielle Welt tritt. Heutzutage wird von den noch gesprochenen Sprachen gut die Hälfte nicht mehr in den Schulen unterrichtet – sie sind in Wirklichkeit bereits tot –, und nur 300 Sprachen werden von mehr als einer Million Menschen gesprochen. In hundert Jahren werden vielleicht nur noch einige hundert Sprachen lebendig sein. Wir verlieren die Vielfalt der menschlichen Erfahrung und damit die Fähigkeit der Menschheit, die gemeinsamen Probleme, vor die wir uns alle gestellt sehen, zu bewältigen.

Betrachten wir also diese Fotos, die das Produkt langer und ernsthafter Arbeit sind, als ein Geschenk, das uns vor Augen gelegt wurde, um uns an die harte Realität und eine keimende Hoffnung zu erinnern. Über der Erde lodert ein Feuer, das Pflanzen und Tiere, Kulturen, Sprachen, alte Fertigkeiten und visionäre Weisheit verschlingt. Diese Flammen zu ersticken und die Poesie der Vielfalt wieder zu erfinden ist die bedeutendste Herausforderung unserer Zeit.

AUF DER SUCHE NACH DER WÜRDE DES MENSCHEN
DAS ZEITLOSE ANTLITZ DER MENSCHHEIT

Welch Meisterwerk ist doch der Mensch, wie groß an Vernunft, wie unbegrenzt an Fähigkeiten,
an Gestalt und Geste wie wundersam harmonisch verschmolzen, im Tun wie gleich einem Engel, im Begreifen
wie gleich einem Gott: das Schmuckstück der Welt, die Vollendung alles Lebendigen…
William Shakespeare, *Hamlet*

Den meisten von uns ist nur vage bewusst, dass jeder Mensch, gleich welcher Rasse, Nationalität oder welches gesellschaftlichen Ranges auch immer, mit Würde begabt ist. Es ist eine schwer fassbare Eigenschaft, die oft von Armut, Bigotterie und Stolz verzerrt wird. Um sie wahrnehmen zu können, müssen wir das Schicksal der Menschheit aus einem anderen als unserem gewohnten Blickwinkel betrachten. Eine radikal andere Perspektive führt uns zurück zur Entstehung des Lebens selbst, zur Entstehung eines Wesenszugs, der das rein Physische und Chemische transzendiert. Dann nehmen wir nicht nur das Leben wahr, sondern auch eine andere noch geheimnisvollere Eigenschaft als jene, die nur das Belebte vom Unbelebten unterscheidet: das Bewusstsein, lebendig zu sein. Es ist dieses wundersame Gefühl des Lebendigseins, das die Würde der Menschheit belebt. Nach ihm suchten wir – nicht auf eine rationale, wissenschaftliche, sondern auf eine intuitive, wenngleich systematische Weise.

Wenn wir in einen Spiegel oder in das Gesicht unseres Gegenübers blicken, sehen wir ein Individuum, das manchmal angstvoll, manchmal überheblich ist – eine Person, die von den sozialen und politischen Regeln unserer Zeit geformt wurde. Meist verhindern diese Regeln und Sitten, dass wir sein essentielles spirituelles Wesen erkennen. Nur in seltenen Augenblicken der Liebe oder Ehrfurcht, des Mutes oder der Demut vermögen wir hinter den Schleier unserer tagtäglichen Existenz zu blicken und die dahinter ruhende Anmut zu sehen. Doch diese Momente sind kurzlebig, und dann gewinnt wieder unsere gewohnte Perspektive die Oberhand. In diesem Moment, in dem wir den flüchtigen Augenblick mit unserer Kamera festhalten und einfangen, kann Fotografie über sich hinauswachsen. Dann wird dieses unerklärliche Etwas, dieses geheimnisvolle Gefühl des Seins, das außerhalb der Quantifizierbarkeit der Wissenschaft liegt, fixiert und wir können es mit unserem Verstand erkunden und mit unseren Gefühlen erleben.

Wenn wir dieses Buch aufschlagen, finden wir solche Fotos – Bilder vom ewigen Antlitz der Menschheit. Wie auf dem Faden der Zeit aufgefädelt, sind sie in diesem Buch Beispiel für die dauerhafte Essenz des Menschseins. Das offenbart sich genauso in den Gesichtern jener, die scheinbar am Anfang der Zeit leben, wie in der spirituellen Luminosität auf den Gesichtern tief gläubiger asiatischer Mönche und Eremiten.

Diese Fotos bringen uns Auge in Auge mit den Völkern des Ostafrikanischen Grabens, deren kulturelle Verhaltensweisen und Alltagsmuster sich über Jahrtausende nicht verändert haben. Sie zeigen Hirten, die in der ungebrochenen Tradition wechselseitiger Abhängigkeit mit ihren Tieren leben, und Bauern, die sich immer noch als integralen Bestandteil des Bodens begreifen, den sie Jahr für Jahr umpflügen. Es sind Fotos von heute lebenden Menschen, die aber auch zu jeder anderen Zeit der Menschheitsgeschichte hätten leben können. Viele von ihnen strahlen etwas aus, was religiöse Menschen als die Gegenwart Gottes bezeichnen würden.

DAS LICHT IST DER SCHLÜSSEL

Licht macht die Welt begreifbar. Licht ist Energie und Farbe, Licht ist Wärme. Licht beeinflusst unsere Stimmungen, und im vollen Licht des Tages sammeln wir die Kraft, uns dem Unbekannten zu stellen, dem unausweichlichen Schicksal unserer individuellen Existenz. Licht ist der Mut verleihende Zaubertrank des Lebens. Licht ist auch das Medium der Fotografie – der Schlüssel für unsere Suche.

Davon gingen wir aus, als wir uns daranmachten, unser erstes transportables Studio zu entwerfen. Wir wussten, dass wir mit Licht auf besondere Weise umgehen müssen, um einzufangen und um sichtbar zu machen, was keine Reflexion, sondern ein naturgegebener Wesenszug ist, der aus dem Innern des Menschen leuchtet. Wir mussten eine Situation schaffen, in der das Licht das Erscheinen dieser subtilen Kraft des Lebens weder überdeckte noch verhinderte. Das verfügbare, natürlich-reflektierende Licht, das von nur einer Seite hereinfloss, musste im Studio einen Lichtdom schaffen, dessen Dimension mindestens zehnmal größer sein sollte als der abgebildete Raum.

Wir hatten noch ein weiteres Problem. Menschen neigen dazu, das, was ihnen widerfährt, von ihrem gewohnten Blickwinkel zu sehen, also mit tradierten Wertvorstellungen, vorgefassten Meinungen und mit Vorurteilen zu belasten. Aufgrund dieser Überlegungen war uns klar, dass wir gewohnte Anblicke meiden mussten, die in unseren Köpfen und in denen der möglichen Betrachter bereits in Kategorien geordnet sind. Uns war auch bewusst, dass Vorurteile nicht nur im Kopf des Betrachters existieren, sondern auch bei der fotografierten Person. Folglich suchten wir nach Menschen außerhalb der Industriegesellschaften, die noch immer im Einklang mit und betroffen von der Natur leben, oder nach solchen, für die die spirituelle Existenz das Wesen des Lebens ausmacht. Wir vermieden es mit Absicht, Menschen aus der zeitgenössischen Gesellschaft des Westens zu fotografieren. Das soll nicht heißen, dass im westlichen Empfinden eine vergleichbare menschliche Würde oder ein spirituelles Gefühl des Seins nicht vorhanden ist. Es ist nur so, dass es uns durch unsere eigene Konditionierung wesentlich schwerer gefallen wäre, die Würde dieser Menschen zu entdecken und festzuhalten.

Uns war klar, dass wir Menschen, von denen viele unsere schnell schwindende Vergangenheit repräsentieren, nicht in unser hochmodernes Studio nach Deutschland bringen konnten. Deshalb machten wir uns daran, das Studio zu Menschen zu bringen, die, wie man sagt, »am Ende der Welt« leben.

Sechs Reisen über genauso viele Jahre führten uns in drei Regionen: zur Wiege der Zivilisation im äthiopischen und kenianischen Rift Valley, in die abgelegenen Berge des Goldenen Dreiecks im Norden Myanmars und Thailands und in die abgeschiedene Wüste Thar im Nordwesten Indiens.

Statistisch gesehen gehören die Gesellschaften in diesen Regionen zu den am wenigsten »modernen« der Erde insofern, als sich bei ihnen über mehrere tausend Jahre in Bezug auf den Einsatz von Werkzeugen und Techniken wenig geändert hat. Wir zweifelten, ob uns dieses Wissen nicht hinderlich würde, denn auch diese Vorstellung entstammt einem westlichen Fortschrittsbegriff.

Doch das Licht war unsere Rettung. Jeder der vielen – für uns erst einmal gleich aussehenden – Menschen draußen vor dem Studio wurde beim Betreten wie durch einen Zauberstab verwandelt. Der Namenlose und Ununterscheidbare – der oft von Leid verfolgte Bauer – wurde plötzlich einzigartig. Das spürten wir nicht nur sofort, es hinterließ auch seine Spur auf den Filmen.

Im Nachhinein wurde uns klar, dass uns das Fotografieren Hunderter von Menschen in Dutzenden von Dörfern und Camps und ihre überwältigende Gastfreundschaft, Demut und Offenheit leicht dazu hätte verleiten können, das Erlebte zu romantisieren. Doch hinter den unbestreitbar romantischen Vorstellungen, die unsere Reisen anfangs inspirierten, ruhten stets nüchterne Professionalität, harte Arbeit und zähe Entschlossenheit. Sie waren auch nötig, um die unzähligen Hindernisse zu überwinden, die uns bevorstanden. Die Menschen, die wir trafen, standen an der Schwelle zur Moderne, mit ähnlichen Sehnsüchten und Wünschen wie die Angehörigen technologisch fortgeschrittener Gesellschaften. Sie waren westlichem Verständnis nach weniger entwickelt, aber in einem idealen Maß an ihre jeweilige harte Umgebung angepasst. Doch am wichtigsten war: aufgrund ihrer meist unverfälschten Einstellung zur Fotografie betraten sie das Studio ohne vorgefasste Meinung. So wurde es für uns viel einfacher, auf sie zuzugehen und auf Film einzufangen, was in einer geschäftsmäßigen Atmosphäre nicht zu fassen gewesen wäre.

Nach jahrelangem Reisen und Experimentieren mit drei Prototypen transportabler Studios lernten wir, uns das Licht, das wir suchten, nutzbar zu machen, und arbeiteten in technischer Hinsicht zumeist mit einer Hasselblad mit 120-mm-Linse, einem Kodak Ektachrome 100 ASA Film, 1/8 Sekunde Belichtung bei einer Blende von F4. Das hört sich schlicht, ja, fast langweilig an, erforderte aber eine genaue Führung des natürlichen Lichts im Studio. Fast wie durch Zauber entstanden dadurch subtile Farbnuancen, die dann im Dom des natürlichen Lichts zu leuchten begannen.

Verglichen mit den facettenreichen Lichtreflexen, die sich gewöhnlich in unserem Gesichtsfeld befinden, wirkt das sanfte und gleichmäßige Licht in dem transportablen Studio heiter-gelassen. Wie bei der Meditation, wo die Gedankenleere im Kopf zum fruchtbaren Boden für Einsichten jenseits der Oberflächlichkeit wird, erlaubt das kontemplative Licht im Studio feine Farbschattierungen, die normalerweise hinter einem Stakkato zweitrangiger Reflexionen verloren gehen. In dieses Licht getaucht, erscheint die porträtierte Person von ihrer physischen Umgebung losgelöst, während eine geringe Tiefenschärfe, die auf den Augen liegt, einen Wesenszug verstärkt, der das Physische transzendiert. Sofort werden Individualität, Stammeszugehörigkeit, Geschlecht und historischer Augenblick zweitrangig, und sichtbar wird die geheimnisvolle und bleibende Schönheit, die im menschlichen Herzen ruht – die Schönheit des Lebens selbst.

Wir haben es gewagt, einen Blick auf diese Schönheit zu werfen, und als wir zurückkehrten, waren wir von dem Erlebten und den Fotos, von denen viele in diesem Buch sind, selbst zutiefst berührt.

ZEITREISEN

Wenn man den exakten Augenblick zu bestimmen versucht, der die Gedanken und Aktivitäten für ein langfristiges Projekt auslöste, stellt man oft fest, dass nichts voneinander isoliert existiert. Stets führt ein Faden zu etwas Anderem, das noch weiter zurückliegt. Doch manchmal kann man einen inspirierenden Augenblick, die sprichwörtliche Sternschnuppe, festmachen. In unserem Fall geschah das in einer sternklaren Nacht Anfang der 80er Jahre. Pfanni (wie Günter Pfannmüller von seinen Freunden und Kollegen genannt wird) und ich saßen auf der zerbeulten Ladefläche eines amerikanischen Lastwagens aus dem Zweiten Weltkrieg. Wir hatten gerade die Ava-Brücke auf dem Rückweg nach Mandalay überquert. Nach einem Tag des Fotografierens in den Hügeln von Sagaing waren wir in euphorischer Stimmung. Irgendwie hatten wir das Gefühl, dass wir uns in einer außergewöhnlichen Situation befanden.

Das damals noch Birma genannte Land lag abseits der ausgetretenen Reiserouten und nur wenige Ausländer schafften es weiter als bis nach Rangun. General Ne Wins Regierung hatte kein Interesse, dass Fremde das Volk, mit dem der General den »Birmanischen Weg zum Sozialismus« beschritten hatte, mit neuen Ideen verwirrten. Ein Aufenthalt von sieben Tagen war das äußerste, was Fremden ohne Diplomatenpass gewährt wurde – und das reichte gerade, um im Eiltempo Pagan und Mandalay zu besuchen. Wir umgingen diese Beschränkung, indem sich jeder von uns zwei Pässe zulegte, von denen abwechselnd jeweils ein Satz in der Botschaft in Bangkok zur Bearbeitung lag. Wir flogen alle sieben Tage für zwei Tage nach Thailand, ließen unsere Ausrüstung aber in Birma. Nach unserer Rückkehr machten wir dort weiter, wo wir drei Tage zuvor aufgehört hatten.

Nachdem wir zuvor den APA Guide über dieses »vergessene Land« abgeschlossen hatten, sammelten wir nun Material für einen Bildband. Wir waren völlig fasziniert. Obwohl wir damals bereits fast die ganze Welt bereist hatten, fanden wir Oberbirma noch immer außergewöhnlich. Der Einfluss von Religion und Geschichte auf die Bevölkerung und die atemberaubende Landschaft, durch die sich die Menschen in ihrer kontemplativen Ruhe wie »enteignete Fürsten« bewegten, hatten uns in ihren Bann geschlagen.

Wie so oft besprachen wir auf dem Rückweg zum Hotel die Ereignisse des Tages. Die mondbeschienenen Tempel und Pagoden, die sich im ruhigen Wasser des Irrawaddy spiegelten, tanzten vor unseren Augen. Es gibt einen Sättigungspunkt, an dem Schönheit und Wohlbefinden nicht mehr zu steigern sind, und das war ein solcher Augenblick. Man ringt nach Worten – aber man findet sie nicht, und man weiß, dass das, was man auf Film eingefangen hatte, mehr war als nur eine in der Sonne liegende Landschaft oder das Bild eines weiteren Menschen. Es war ein ungreifbares Gefühl der Spiritualität, in das wir eingetaucht waren.

Was war es, das da durch unsere Tage schien, das diese sanften Menschen von jenen unterschied, die wir unser ganzes Leben lang gekannt hatten? Das dafür angemessene Wort war Würde, etwas, das nichts mit dem Stolz zu tun hat, der aus erzielten Leistungen, aus Besitz an vergänglichen Dingen entspringt. Die Würde, der wir in diesen Wochen in Oberbirma begegneten, war zeitlos – eine Würde, die man nur dort findet, wo Menschen in enger Kommunikation mit der Natur leben, ohne sich um das schrille politische Theater um sie herum zu kümmern, von dem sie unberührt bleiben.

Als wir uns fragten, wie wir diese zeitlose Essenz sichtbar machen könnten, kam uns zum ersten Mal die Idee zu dem transportablen Studio. Später, an der Bar des alten Mandalay Hotels, nach ein paar von Francis, dem freundlichen indischen Barkeeper, mit Eiweiß geschüttelten Rum-Sour, fing Pfanni an, die ersten Entwürfe in sein Notizbuch zu zeichnen. Knapp zehn Jahre lang trugen wir die Idee mit uns, doch es waren zu viele andere Dinge zu erledigen. Nach 1988 und dem blutigen Militärputsch, durch den Birma zu Myanmar und Rangun zu Yangon wurden, kehrten wir für mehrere Jahre nicht mehr in dieses Land zurück, dessen Bilder uns weiterhin begleiteten und verfolgten.

DAS TRANSPORTABLE STUDIO IN PAIN PYIT, SHAN, MYANMAR.

Fünf Jahre später, 1993, kam die Idee von neuem auf, als wir die damals seltene Chance erhielten, durch die Stromschnellen nördlich von Mandalay zu fahren, um den Kachin-Staat zu besuchen und dabei den Oberlauf des Irrawaddy kennen zu lernen.

In der Zwischenzeit hatte Pfanni mit dem Licht im Studio gespielt und die Konstruktion verbessert. Im Herbst 1993 war der Prototyp fertig, er maß etwa vier mal acht mal vier Meter und wog nur knapp 130 Pfund. Aus Zeitmangel hatten wir die neue Konstruktion nicht zu Hause in Frankfurt testen können. Im Laufe der folgenden Jahre stellten wir in leidvoller Erfahrung fest, dass uns dies auch nicht viel genutzt hätte. Die klimatischen Bedingungen in Deutschland sind nun einmal ganz andere als jene, die wir vorfinden sollten. Seit damals haben wir gegen Winde angekämpft, die das Zelt in einen Ballon verwandelt hätten, wären wir nicht in der Lage gewesen, es mit einem Griff winddurchlässig zu machen. Wir erlebten unvergessliche Regenstürme, die genauso überraschend versiegten, wie sie ausbrachen, und uns und unser Zelt nach wenigen Minuten Wolkenbruch in die Knie zwangen. Während des Tages stieg die Temperatur unter dem schwarzen, Licht und Wasser undurchlässigen Zeltstoff oft auf über 40 Grad und zwang uns, unsere Arbeit abzubrechen.

Durch die vorausgegangenen Reisen abgehärtet waren wir ein erprobtes Team. Begleitet wurden Pfanni und ich von meiner Frau Renate, die unsere Campmanagerin wurde, und von Sabine Seitz, Pfannis Juniorpartnerin in seinem Frankfurter Studio, die für die Logistik unseres Unternehmens zuständig war. Bei jeder unserer Exkursionen heuerten wir einheimische Fahrer, Übersetzer und andere Hilfskräfte an und waren so manchmal ein Team von bis zu zehn Leuten.

NACH WIE VOR IN GEFAHR: DIE WÜRDE UND DIE RECHTE DER MENSCHEN

Wir ersuchten um die Genehmigung, nach Myitkyina reisen zu dürfen, und erhielten sie. Nicht einmal vier Wochen nach dem Ende des Krieges im Kachin-Staat stand unser Studio auf dem weiten, windgebeutelten Feld, auf dem das animistische Manao-Fest zum ersten Mal nach 30 Jahren wieder stattfinden durfte. Wir trafen im richtigen Augenblick am richtigen Ort mit der richtigen Ausrüstung ein, um das überschwänglich gefeierte Zusammentreffen der Kachin-Stämme mitzuerleben – ein Fest, auf das sie beinahe zwei Generationen lang gewartet hatten. Die Kachin-Stämme des Goldenen Dreiecks waren jahrzehntelang von der übrigen Welt abgeschnitten. Während Jets und das Internet die Welt enger zusammenrücken ließen, blieben sie in den abgelegenen Bergen ihrer Stammeswelt an der birmanisch-chinesischen Grenze wie in eine Zeitkapsel eingeschlossen.

Unsere Erlebnisse mit den Bergstämmen weiteten unsere Perspektive. Wir kamen 1995 nochmals nach Myanmar zurück, um in der Provinz Sagaing und den noch abgelegeneren Shan- und Chin-Bergen zu fotografieren. Während die Junta in Yangon wegen ihrer Menschenrechtsverletzungen weltweit in der Kritik stand, trafen wir auf Menschen, die sich in der Vergangenheit der Unterdrückung durch die birmanischen Könige und ihrer Statthalter erfolgreich widersetzt hatten und die von der schrecklichen Situation, die sich andernorts im Land entwickelt hatte, unberührt schienen.

Ein Dutzend verschiedener Friedens- und Waffenstillstandsabkommen hatten die Region befriedet und wurden von den Menschen, denen wir begegneten, willkommen geheißen. Aus politischer Sicht war aber der Streit zwischen der birmanischen Mehrheit und den Bergstämmen an der Grenze keineswegs vorüber und ist es noch immer nicht.

Unser letzter Besuch fiel in die Erntezeit und wir spürten die fast festliche Freude der Bauern, endlich den goldenen Ertrag ihrer Reisfelder ernten zu können, ohne auf die Junta oder die Rebellen Rücksicht nehmen zu müssen. Auch die stille Heiterkeit und kontemplative Ruhe in den *kyaungs* (den buddhistischen Klöstern) sagte uns, dass wir bei unserer Suche auf dem richtigen Weg waren. Auf diesen Reisen durch den Norden Myanmars bestätigte sich die unbeschreibliche Fähigkeit der Menschen, sich der Tyrannei zu widersetzen und den natürlichen Fluss des Lebens in Gang zu halten.

Auf unserer Suche nach der Würde des Menschen dokumentierten wir nebenbei auch die Stämme des Goldenen Dreiecks. Das Trans-Salween-Gebiet war wegen des Drogenkrieges, in den der Wa-Stamm noch immer verwickelt war und ist, nicht zugänglich. Wir mussten uns der Region durch die Berge im Norden Thailands nähern, um die Stämme zu fotografieren, die von Myanmar aus nicht zu erreichen waren. Die meisten dieser Stämme leben auf windigen, abgeholzten Berggipfeln oder in Ebenen, in einer Umgebung, die durch jahrzehntelange Brandrodung zerstört wurde. Sie sind arm und von den Regierungen in Bangkok und Yangon vergessen worden. Aber ihre Armut ist nur scheinbar und nur materieller Art. Wie die Stammesangehörigen im Norden Myanmars strahlen auch sie eine warmherzige Menschlichkeit aus, die man in den großen Städten kaum noch antrifft.

DIE WIEGE DER MENSCHHEIT

Im Laufe der Jahre, in denen wir in den Bergen Südostasiens fotografierten, merkten wir, dass wir systematisieren mussten, was wir aufs Geratewohl begonnen hatten, und dass uns ähnliche Aufnahmen aus zwei völlig anderen Lebenszonen fehlten: von Menschen, die in tropischen Dschungeln leben, und von Menschen, die in Savannen und Wüsten zu Hause sind. Deshalb flogen wir im Herbst des gleichen Jahres noch nach Äthiopien. Wir wollten ins Rift Valley, einer geologischen Formation mit hoch aufragenden Bergen, Akazienbaumebenen mit azurblauen Seen und tief liegenden, dampfenden äquatorialen Tälern.

Wir fuhren zum Omo nördlich des Turkanasees. Ethnographen nennen diese Region die Wiege der Menschheit, in der einige Stämme in noch größerer Abgeschlossenheit leben als die Bergstämme des Goldenen Dreiecks. Ihr Leben unterscheidet sich kaum von dem ihrer Vorfahren vor Tausenden von Jahren. Sie sind Jäger, Sammler und Saisonbauern und verlegen ihre Wohnplätze mit den Jahreszeiten. Wir begannen mit den Mursi, einem Stamm, der besonders alte Traditionen bewahrt hat, wie etwa die, dass die Frauen ihre Unterlippen und Ohrläppchen aufschlitzen und mit Tonplatten dehnen.

Wir wussten, es war ein gefährliches Unterfangen. Äthiopiens sozialistische Mengistu-Armee hatte sich erst kurz zuvor aufgelöst und die Soldaten hatten ihre Kalaschnikows überall im Land billig zum Kauf angeboten. Auch der Clankrieg in Somalia war in die Oromo-Region Äthiopiens übergeschwappt. Mehr als einmal mussten wir schnellstens unser Lager abbrechen, um nicht in die Hände von Banditen und Sezessionisten zu geraten, die diese Region zwischen Sudan, Kenia und Somalia zu einer der unsichersten der Welt machen.

Doch es war eine erfolgreiche und rundum so erfreuliche Reise, dass wir unsere Ausrüstung in Addis Abeba zurückließen, da wir sicher waren, sechs Monate später zurückzukehren. Wir kamen wieder und setzten unsere Arbeit dort fort, wo wir sie abgebrochen hatten. Dieses Mal stellten wir unser Studio bei den Tsemay, Karo, Hamer und Borana in Äthiopien auf. Dann fuhren wir über die Grenze nach Kenia zu den Samburu im Süden des Turkanasees.

Trotz der rapiden technischen Entwicklung in der westlichen Welt ist der Wandel an dieser Grenzregion zwischen Äthiopien und Kenia vorübergegangen. Man könnte meinen, in einer bronzezeitlichen Umgebung zu sein, wenn da nicht die vielen Schnellfeuergewehre wären, die alle Männer über sechzehn Jahren tragen. Abgesehen davon aber haben sich die halbnomadischen Stämme mit ihren riesigen Viehherden nicht verändert, weder im Aussehen noch in ihren Sitten und Bräuchen. Sie sind die letzten Repräsentanten unserer Hirtenvorfahren und ein perfektes Beispiel für Menschen, die trotz schwierigster Lebensbedingungen in Würde und in Harmonie mit ihrer Umgebung leben.

VON DER WÜSTE GEFORMT

Als wir damals mit einer halben Tonne Ausrüstung durch eines der ungastlichsten Gebiete der Erde zogen, trafen wir vielfach Menschen, die noch nie ein Foto von sich selbst gesehen hatten. Am meisten berührten uns die oft weisen und kenntnisreichen Alten. Ihre Gesichter waren ausdrucksstark und ihre Würde schien sich direkt von ihrem Verständnis ihres Platzes in der Ordnung des Universums herzuleiten.

Es dauerte nicht lange und wir erkannten, dass wir diesen Aspekt unserer Suche vertiefen mussten, und wir wussten, dass dies nur in Indien passieren konnte. Dazu bot sich uns auch eine besondere Gelegenheit. 1998 fand gleichzeitig mit dem Kamelmarkt in Pushkar auch das Urs-Fest im nicht einmal zwölf Kilometer entfernten Ajmer statt. Zu beiden Anlässen, dem alljährlich stattfindenden Hindu-Fest und dem wichtigsten muslimischen Fest Indiens, wurden Hunderttausende Besucher erwartet, darunter unzählige heilige Männer aus ganz Indien.

Vierzehn Tage lang umfing uns das oft als antagonistisch gesehene religiöse Leben Indiens. Wir zogen mit unserem Studio vom turbulenten Kamellager in Pushkar zum Herz der Sufi-Pilgerstraße, dem Schrein von Khwaja Moinuddin Chisti in Ajmer. Eine Woche darauf befanden wir uns dann in der Einsamkeit des Großen Rann von Kachchh, keine 35 Kilometer von der pakistanischen Grenze entfernt – in einer Region, in der die indische und die pakistanische Armee in ständiger Alarmbereitschaft stehen.

Wir zogen mit einer Nomadenfamilie von Rabari-Hirten durch das ausgedörrteste Gebiet Nordindiens. Und hier schloss sich der Kreis. Wir saßen bei spontaner, direkt aus der Seele der Hirten fließender Bardenmusik um ein offenes Feuer, mit Menschen, die es gewohnt sind, ohne Zelte unter den Sternen zu schlafen, und erinnerten uns an die Nacht unter einem ähnlichen Sternenhimmel, als unsere Suche auf der Ladefläche eines zerbeulten Lastwagens in Birma begann.

MAGIDA, 16, SAMBURU.
MARAL, KENIA

WURZELN
DIE STÄMME DES RIFT VALLEY

Wären wir systematisch vorgegangen, so hätte unsere Suche in Afrika beginnen müssen. Doch vor 1995 war das Horn von Afrika, wo wir Menschen zu finden hofften, die wie unsere Vorfahren vor Tausenden von Jahren leben, viel zu unsicher, um es mit unserer Ausrüstung zu bereisen. Der sozialistische Diktator Mengistu Haile Mariam war zwar 1991 aus Äthiopien geflohen, doch der Clankrieg in Somalia griff auf die äthiopischen Provinzen Ogaden und Oromo über und machte eine Reise in den Süden und Osten des Landes unmöglich. 1996 waren wir jedoch bereit, uns allem, was auch passieren mochte, zu stellen. Aki Haddis, unser Kontaktmann in Addis Abeba, war optimistisch und überzeugte uns, dass dies der richtige Zeitpunkt sei, um zu kommen. Einige Fahrer seiner Trekkingfirma waren erst kürzlich am Omo gewesen und hielten die Region für sicher.

Zwei von ihnen kamen mit uns – Getu, ein strahlender, immer optimistischer junger Mann, halb Omoro, halb amharischer Abstammung, und der ältere Workayu, ein ehemaliger Panzerfahrer in Mengistus Armee, der den Ogaden-Krieg überlebt hatte und von Dingen erzählen konnte, von denen niemand im Westen weiß. Beiden war klar, dass dies kein Achtstundenjob sein würde, der endete, sobald wir unser Ziel erreichten. Sie waren unsere Mechaniker, Träger, Hilfsköche, Übersetzer und Wachmänner. Von unseren beiden Mercedes-Jeeps hatte nur einer Allradantrieb; und die Zeit, die wir damit verbrachten, den anderen Jeep durch knietiefen Schlamm und auf abschüssigen Pfaden hochzuziehen, ist legendär. Wenn unser Durchhaltevermögen jemals auf die Probe gestellt wurde, dann auf dieser Reise. Unsere beiden Fahrer machten ihre Sache wirklich gut, und erst im Nachhinein wurde uns klar, dass wir ohne sie niemals durchgekommen wären.

Wir begannen die Reise in gemächlichem Tempo. Auf dem Weg von Addis Abeba nach Arba Minch im Süden zelteten wir am Langano-See und am Abiyata-See, einem Fantasieland im Rift Valley, eingebettet zwischen Bergen, die im Osten über 4300 Meter hoch sind.

In den ersten Tagen ähnelte die Fahrt eher einer Luxussafari als einer Expedition – Spaghetti al Pesto und ein 1989er Barolo für ein Dinner al fresco –, während sich keine fünfzig Meter neben unserer Küche Tausende Flamingos geräuschvoll auf die Nacht vorbereiteten. Ein ostafrikanischer Sonnenuntergang tat den Rest, um uns zu magnetisieren – jeder, der die Umrisse alternder Akazienbäume vor einem in Flammen stehenden Himmel gesehen hat, weiß, wovon die Rede ist. Später übernachteten wir in Arba Minch. Nach den kalten Nächten im Zelt erschien uns die dortige Bekele Lodge wie ein Juwel. Hoch auf einer Bergkuppe zwischen dem Abaya- und dem Chamo-See gelegen, bietet sie einen spektakulären Blick auf Seen und Berge einer unberührten Wildnis. Nach einem leichten afrikanischen Regenguss begannen die Blumen, Büsche und Bäume einen Duft zu verströmen, der alle Parfums der Welt enthielt, einen Duft, der den Verstand paralysierte. Wir wurden von diesem außergewöhnlichen sensorischen Erlebnis völlig gefangen genommen. Als die Nacht anbrach, waren es nicht die sichtbaren Eindrücke des Tages, sondern dieser Duft, der den Tag bemerkenswert machte.

Ein paar Tage später sah alles ganz anders aus. Unsere Autos blieben auf dem Weg zu einer Anhöhe stecken, der eher einem felsigen Trampelpfad denn einer Straße glich. Zum ersten, aber nicht zum letzten Mal mussten wir die gesamte Ausrüstung abladen, und so konnte der eine Wagen den anderen eine steile Böschung hochziehen. Kein Wunder, dass wir eine Woche brauchten, um zum Omo durchzukommen.

Aber erst einmal wollten wir die Dorse in dem Ort Chinche, hoch oben in den Bergen über Arba Minch, fotografieren. Nachdem wir das Studio aufgebaut hatten und bevor wir noch richtig mit dem Fotografieren beginnen konnten, merkten wir aber, dass die Dorse die diebischsten Menschen waren, die wir bis dahin getroffen hatten. Wir mussten unablässig darauf achten, dass nichts von unserer Ausrüstung gestohlen wurde – für Sabine war das eine Prüfung, da sie sich für die über zweitausend Ausrüstungsteile verantwortlich fühlte. Ehe man sich's versah, waren Antenne und Rückspiegel von einem Jeep abgeschraubt und verschwunden. Wir ahnten, was uns erwartet hätte, wären wir geblieben.

Wir verließen Chinche, so schnell wir konnten. Nicht, dass die Dorse uns Angst einflößten, aber sie waren einfach zu geschickt darin, jeden noch so kleinen Gegenstand an sich zu nehmen und damit in der Menge zu verschwinden.

Wir waren immer noch zu nahe an der Zivilisation. Es war an der Zeit, über die Woyto-Brücke zu fahren, dem Nadelöhr, durch das man auf die andere Seite über einen krokodilverseuchten Fluss schlüpft, um sich dreitausend Jahre in der Zeit zurückversetzt zu finden.

Eine Stunde nachdem wir diese Zeitschranke überwunden hatten, fanden wir die Tsemay. Sie tauchten aus dem Nichts bei dem von einem Windrad betriebenen Wasserloch in Luka auf. Während ihr Vieh an der Tränke war, nutzten sie die Zeit, um untereinander Neuigkeiten auszutauschen. Wir hatten unseren ersten Stamm gefunden, und unser Zwischenspiel mit den Dorse war schnell vergessen.

Trotz aller Härten ihres Hirtendaseins leben die Tsemay anscheinend in paradiesischer Unschuld. Eines der Mädchen, die neunjährige Insaka Dulo, hatte gerade Pflanzen gesammelt, die sie sich um die Schultern geschlungen hatte; sie erschien uns wie ein Symbol der Reinheit und Tugend. Koke-Kale, ein 21-jähriger Stammeskrieger, wollte unbedingt sofort fotografiert werden. Er hatte gerade einen wilden Büffel erlegt und somit das Recht, eine Straußenfeder im Haar zu tragen. Zum ersten Mal begegneten wir dem Narzismus der jungen ostafrikanischen Männer. Koke-Kale konnte die Augen nicht von dem Polaroid wenden, das wir ihm gaben. Es war offensichtlich, dass er von seinem Bild fasziniert war. Ähnliche Szenen sollten wir immer wieder erleben, bei den Karo, Hamer und Samburu. Sie alle waren verliebt in ihre Polaroids – und so betrachteten sie sich auch in den Rückspiegeln unserer Jeeps.

An jenem Abend fegte eine ungeheure Windhose durch unser Lager und verfehlte unsere Zelte nur um ein paar Meter. Hätte sie unsere Zelte getroffen, wäre unsere Reise zu Ende gewesen. Das wahre Afrika begrüßte und warnte uns zugleich.

Später, in Jinka, bereiteten wir uns auf den schwierigsten und am schwersten erreichbaren Stamm vor, den wir aufsuchen wollten, – auf die Mursi. Hier trafen wir auch David Freund, einen jungen Israeli, der gerade seinen Militärdienst abgeschlossen hatte und mehr oder weniger unbedarft durch Ostafrika zog. Da auch er die Mursi besuchen wollte, machten wir ihm in einem unserer Wagen Platz. Es machte Spaß, mit ihm zu reisen, er war ein lebhafter und intelligenter junger Mann. Seine ganze Verpflegung bestand aus einer gefüllten Evian-Plastikwasserflasche, die aus seinem Rucksack lugte. Als er uns verließ, schritt er genauso gelassen über die Savanne davon, wie er gekommen war.

Sechs Monate später, als wir wieder am Omo waren, hörten wir, was ihm widerfahren war, und uns wurde klar, dass das auch uns hätte passieren können. Er war von den Afar im Norden Äthiopiens als Geisel genommen und monatelang festgehalten worden. Eines Nachts entkam er und wanderte stoisch 65 Kilometer weit durch die Wüste, wurde noch einmal an einem Wasserloch gesehen und ist seitdem verschwunden; er wurde von den Behörden für tot erklärt.

Die Mursi waren nicht dort, wo wir sie suchten – ihr Dorf war verlassen, ihr Brunnen war ausgetrocknet. Wie wir später erfuhren, wollten sie sich auch den Bodi entziehen, einem verfeindeten Stamm, der nordöstlich von ihnen lebt und immer wieder über sie herfiel. Unser Führer, ein Ranger des Mago-Nationalparks, der die Sprache der Mursi beherrschte, schlug vor, wir sollten nochmals knapp 85 Kilometer weiter in Richtung Omo fahren. Irgendwo an seinem Ufer, sagte er, würden wir sie finden.

Wir brauchten 14 Stunden, um die Ngalibong-Berge zu überqueren. Unsere Wagen versanken immer wieder bis zu den Achsen im Schlamm. In Begleitung eines Toyota, auf dessen Ladefläche ein Dutzend spärlich bekleideter Mursi saßen, schlugen wir uns durch den sumpfigen Busch. Die Mursi öffneten mit ihren Bandas eine Route durch die Dornbüsche, während wir anderen versuchten, die Wagen auf trockenen Boden zu ziehen und zu schieben. Gegen zwei Uhr morgens erreichten wir im Licht des Vollmonds eine provisorische Mursi-Siedlung am Omo. Am nächsten Morgen stellten wir unser Studio am Ufer hoch über den in der Sonne ruhenden Krokodilen auf und zwei Tage lang machten wir einige unserer besten Fotos.

Die Mursi gehören zu den Stämmen Afrikas, die am stärksten an alten Traditionen festhalten. Frauen wie Nakita Olegole (Seite 38) schmücken sich immer noch mit tellergroßen Lippen- und Ohrplatten aus Ton, und viele Männer tragen statt Kleidung nach wie vor nur eine Körperbemalung aus Schlamm (Baikadai Ndunka, Seite 40).

Die anfänglich gute Atmosphäre schlug bald um, als die Mursi merkten, dass sie sich für das Fotografieren bezahlen lassen und mit dem Geld Patronen für ihre Kalaschnikows kaufen konnten. Offiziell dürfen sie Waffen besitzen, doch der Handel mit Munition ist illegal. Bald tauchten auch kenianische Händler auf und vor unserem Studio begann ein reger Handel, während beide Parteien berauschende Qat-Blätter kauten. Wir hatten die Wirkung von Qat bereits im Jemen kennen gelernt, und sie war hier nicht anders. Ab zwei Uhr nachmittags setzten lautstarke Streitereien ein, und wir mussten unser Studio schnellstens abbauen. Angesichts der erregten Menschen, die drohend mit ihren Gewehren herumfuchtelten, war uns klar, dass die Situation jederzeit eskalieren konnte. Aber wir hatten keine Chance, hier wegzukommen. In der Nacht zuvor hatte es geregnet und der einzige Weg aus dem Dorf war unpassierbar. So zogen wir uns erst einmal zurück und warteten ab, bis die Wirkung des Qat nachließ.

Als wir am nächsten Morgen packten, merkten wir, dass der rote Beutel mit den Filmen, auf denen wir die Mursi aufgenommen hatten, verschwunden war. Eine der Mursi-Frauen musste ihn entwendet haben, als wir die letzten Fotos machten. Es gab keine lange Diskussion. Das Qat zeigte wieder seine Wirkung bei den Männern, und so befolgten wir den Rat des Rangers und machten uns trotz des schlechten Zustands des Weges schleunigst davon. Es war ein schlimmer Tag.

Sechs Monate später waren wir wieder in Turmi, dem Zentrum der Hamer im Süden. In der Karawanserei waren drei Israelis. Wir sprachen mit ihnen über David Freund. Sie erzählten uns, was ihm widerfahren war, und gaben uns gleichzeitig einen roten Beutel mit »den Filmen, die die Mursi geklaut haben«. Einige dieser Fotografien sind im Buch zu sehen.

Die Geschichte entfaltete sich in mehrere unerwartete Richtungen. Als wir im Jahr zuvor abgefahren waren, hatten wir 500 Birr demjenigen geboten, der die Filme wieder bringen würde (500 Birr der äthiopischen Währung entsprachen damals dem Preis für eine Kalaschnikow). Schließlich zahlten wir das Geld einem Mann in Jinka, der es irgendwie geschafft hatte, die Filmrollen vom Kopf einer Mursi-Frau zu holen, die sie monatelang als Lockenwickler benutzt hatte. Vier Wochen später beraubten die Mursi einen skandinavischen Reisenden. Sie nahmen ihm nicht die Kamera oder etwas anderes weg, nur seine Filme. Wegen der von uns gebotenen 500 Birr Finderlohn nahmen sie wohl an, Filme seien die wertvollsten Objekte, die ein Ausländer bei sich trägt.

Nach einer weiteren zwölfstündigen Schlammfahrt hatten wir die Mursi weit hinter uns und verbrachten die folgende Nacht im Mago Park. Voller Schlamm und verschwitzt nahmen wir unser erstes Bad seit Jinka im klaren Wasser des Mago-Flusses, ohne uns viel um die Krokodile zu kümmern, die es dort geben soll.

Am nächsten Morgen fuhren wir weiter zum Roussos Camp. Nassos Roussos ist in Äthiopien eine lebende Legende. Er ist vielleicht der letzte echte »Weiße Jäger« Ostafrikas, ein Mann geradewegs aus einem Hemingway-Roman. Nassos ist griechischer Herkunft und leitet zusammen mit seiner amerikanischen Frau Susan ein Jagd- und Naturschutz-Camp am Omo; es ist der einzige zivilisierte Ort im Umkreis von 100 Kilometern. Nach dem Lager bei den Mursi war das mit Palisaden geschützte Camp mit den sauberen Bungalows im Schatten großer Bäume für uns eine Zufluchtsstätte, in der wir in Ruhe neue Pläne schmieden konnten.

Roussos Camp ist nicht weit von dem Karo-Dorf Kolcho entfernt, das 100 Meter über dem Omo oben auf den Klippen liegt. Die Kolcho-Karo und die Karo aus Dus, einem Dorf 18 Kilometer weiter nördlich, waren der Grund, warum wir sechs Monate später noch einmal hierher zurückkommen wollten. Die Karo leben in der letzten Generation als Stamm und haben einen Lebensstil und eine Kultur, die nicht mehr lange überdauern werden. Die Begegnung mit ihnen hatte etwas Wehmütiges. Es gibt nicht mehr genug Karo, dass sie als eigenständiger Stamm überleben könnten. Ihre Kultur ist zu verletzlich, um gegen äußere Einflüsse bestehen zu können. Ihre Gesichter flossen manchmal über von Glück und Stolz, und dann wieder strahlten sie eine unerklärliche Traurigkeit aus. Ihr Auftreten glich einer Vorstellung des Fin de Siècle – Freude ohne Zukunft und vergebliche Trauer.

Wir beendeten unser erstes Afrikaprojekt in Turmi beim wöchentlichen Hamer-Markt. Die Hamer, sagt man, zählen zu den schönsten Menschen Afrikas: ein Stamm mit riesigen Viehherden, aggressiv wirkenden Kriegern und selbstbewussten jungen Frauen. Diese Menschen begeisterten auch uns.

Als wir im Mai 1996 nach Äthiopien zurückkehrten, erfuhren wir, dass Workayu, unser verlässlicher »Panzerfahrer« und Freund, kurz zuvor an einem unbekannten Fieber gestorben war. Während wir noch um den Verlust unseres Freundes trauerten, stellte sich zum Glück heraus, dass Sirak, der an seine Stelle getreten war, seinen Job mit genauso viel Enthusiasmus machte wie Workayu. Wir fotografierten weiter die sanften Karo mit ihrer graffitiähnlichen Körperbemalung und die wild dreinblickenden Hamer-Krieger mit ihrem ungebrochenen Freiheitsgeist. Es war eine der besten Zeiten, die wir in Afrika verlebten. Die Menschen, die wir fotografierten, kamen unserer Vorstellung denkbar nahe. Alte Karo-Krieger wie Dore Lale (Seite 31), Bori Gadi (Seite 25) und junge Frauen wie Gao (Seite 26) oder Marija (Seite 32) waren herausragende Beispiele für Menschen, die einen unvergesslichen Eindruck auf unseren Filmen wie auch in unserer Erinnerung hinterließen.

Wir folgten den Hamer und ihren riesigen Rinderherden hinaus in die Savanne, wo wir sie in ihrer heroischen Umgebung fotografierten. Trotz ihres martialischen Auftretens erwiesen sie sich als sanftmütige und gastfreundliche Menschen. Wenn sie über die weite Ebene ziehen, tragen die Männer lediglich ein Lendentuch; sie haben nur eine Kuhhaut als Decke, einen Stock, eine Kalabasse, eine kleine hölzerne Kopfstütze und die inzwischen scheinbar unvermeidliche Kalaschnikow dabei. Wenn man sie sieht, weiß man, dass sie ihren Freiheitsgeist und ihr spezielles Gefühl des Lebendigseins niemals gegen irgendeinen anderen Lebensstil eintauschen würden.

Wir verließen Susan und Nassos mit großem Bedauern und fuhren in östlicher Richtung weiter durch ausgetrocknete Flussbetten und über Wege, auf denen seit der letzten Regenzeit niemand mehr entlanggekommen war. Man hatte uns vor den Gefahren diese Strecke gewarnt. Dies ist der Landstrich, den die Schmuggler aus Kenia benutzen, die ihre eigenen Gesetze haben und für die ein Menschenleben nicht viel zählt. Das wurde uns sofort klar, als wir in Yabello ankamen. Unsere Passepartout-Papiere vom Informationsministerium in Addis Abeba waren hier von keinerlei Nutzen. Für das, was wir vorhatten, brauchten wir eine zusätzliche Bestätigung vom obersten Rat des Oromo-Volkes, der glücklicherweise ein paar Tage später zusammentreten sollte.

Banditengruppen und eine abtrünnige Fraktion der Oromo-Befreiungsfront zogen durch das Land und fast täglich erzählte man uns Geschichten über ausgeraubte Lastwagen auf der Hauptstraße nach Kenia. Nachdem wir die Erlaubnis hatten, unser Studio in einem ungenutzten Speichercamp der Care-Organisation, tief im Land der Borana nahe Dubuluk, aufzuschlagen,

SAVANNE AM FLUSS OMO. HIER IST DIE WIEGE DER MENSCHHEIT.

konnten wir endlich Yabello hinter uns lassen. Wir hatten Glück: denn am nächsten Morgen ging auf der Hauptstraße von Yabello, nicht weit von unserem »hoteele«, eine Bombe hoch und tötete einige unschuldige Marktbesucher.

Mit Ausnahme eines alten Wachmannes war das Care-Camp leer; wir mussten also unsere eigenen Sicherheitsleute mitbringen und heuerten in Yabello zwei bewaffnete Milizionäre an, Antana und Jatani, denen wir als Teil ihrer regulären Entlohnung auch ihre tägliche Ration an Qat kaufen mussten. Obwohl unsere Wachen Maschinenpistolen hatten, waren wir uns einig, dass sie bei einem Zwischenfall keinen Widerstand leisten sollten.

Wie so oft zuvor engagierten wir auch hier einen angesehenen Einheimischen als Verbindungsmann und Übersetzer. In Cheru hatten wir einen Borana gefunden, der Englisch sprach, so dass wir auf Amharisch als weitere Vermittlungssprache verzichten konnten. Er war Ratsmitglied seines Clans und ermöglichte es uns, mit den ansonsten unnahbaren Borana in Kontakt zu treten. An den langen Abenden am Lagerfeuer machte er uns mit den feineren zeremoniellen Details des Lebens eines Borana vertraut und erzählte uns bis tief in die Nacht Geschichten über sein Volk.

Wir fotografierten die Borana in ihren Dörfern (in Dabasa Wario, Seite 45) und im Care-Lager bei Dubuluk (Seite 44), aber schon nach einer Woche sahen wir uns in einer ähnlichen Situation wie bei den Mursi im Jahr zuvor. Wir mussten so schnell wie möglich weg, nicht wegen der Borana, sondern weil unsere beiden Milizionäre uns fluchtartig verließen, nachdem sie von dem Gerücht gehört hatten, dass die OLF (Oromo Liberation Front) in der Nähe sei.

Wir packten eilig und fuhren zur kenianischen Grenze. Wir hatten von den Lastwagenfahrern die Tricks gelernt, wie man die Grenzüberschreitung beschleunigen kann. Innerhalb von 24 Stunden waren wir in Kenia, zwar um einige Birr und Shilling ärmer, hatten aber trotz unserer Ausrüstung keine größeren Probleme.

Die Situation in Nordkenia glich der in Südäthiopien. Die Hauptstraße nach Süden kann man nur im Konvoi und mit Militäreskorte befahren. Man sprach auch von kriegerischen Auseinandersetzungen zwischen den Turkana und den Samburu am Südufer des Turkanasees, unserem nächsten Ziel. Wir beschlossen sofort, statt an den See, nach Maralal weiterzufahren, dem inoffiziellen Zentrum der Samburu. Dorthin brauchten wir noch einmal drei Tage über endlose Waschbrettpisten, die die Scheinwerfer aus unseren Jeeps schüttelten. Doch die Strapazen waren es wert.

Die Samburu sind Viehzüchter und leben nach Traditionen, die denen der Hamer und der Massai gleichen. Auch hier geben die jungen Krieger, die *morans*, den Stammesriten ihre Farbe. Da die kenianische Regierung eine stärkere Kontrolle über das Hinterland ausübt als die äthiopische, sind in Nordkenia in der Öffentlichkeit keine Handfeuerwaffen zu sehen. Wie in alten Zeiten sind die Krieger heute noch mit Speeren bewaffnet.

Wir machten das Yare Camp am Rand von Maralal zu unserer Basis. Es wird von dem Schotten Malcolm Gascoigne geleitet, einem Mann, der im Norden Kenias genauso bekannt ist wie Nassos Roussos in Äthiopien. Malcolm machte uns mit Stephen, einem Samburu-*moran* bekannt, der gut Englisch sprach und eine Zusammenkunft der Ältesten seines Clans arrangierte. Es ging gerade die acht Jahre während Kriegerperiode dieser Generation von *morans* zu Ende, als wir hier eintrafen. Nur zu gerne waren sie bereit, sich noch einmal als *morans* fotografieren zu lassen (Seiten 46 bis 49), als Angehörige eines Standes, von dem sie wussten, dass sie ihn in Kürze aufgeben müssen, wenn sie heiraten, zu Familienvorständen und farblosen Clanältesten werden.

Die Samburu waren der letzte Stamm, den wir noch fotografieren wollten, bevor unsere Reise in Nairobi endete. Es bestand kein Grund zur Eile, und mit Malcolm und Stephen als Übersetzer machte es Spaß, mit diesen jungen Männern zusammen zu sein. Stephens gleichaltrige *morans*, Koynante, Lgolunyi und Topia, alles anerkannte Löwentöter, erschienen im Studio (Seite 48) zusammen mit den jungen Frauen Naidasha, Sitimi und Matanet (Seite 50). Als sie unser Studio betraten, erschienen sie uns, als wären sie geradewegs aus einer mystischen Vergangenheit herübergetreten.

Nach unserer täglichen Arbeit verbrachten wir wunderbare Abende in ihrer Gesellschaft am offenen Feuer und hörten Geschichten aus erster Hand, zum Beispiel wie man Löwen mit dem Speer tötet. Sie erzählten von den endlosen Wanderungen mit dem Vieh über ausgedörrtes Land, von der Suche nach Wasserlöchern und wie sie sich von einer Mischung aus Blut und Urin ernährten. Wenn man ihnen zuhörte, glaubte man, Stimmen aus der Vergangenheit zu vernehmen. Auch jetzt, beim Blick auf die Fotos, kommt es uns manchmal vor, als würden wir über die Zeiten hinweg in die Gesichter unserer Vorfahren schauen.

Wenn man bei der Fahrt durch Ostafrika, von Addis Abeba nach Nairobi, hin und wieder von der Hauptstraße abbiegt, um abgelegene Stämme aufzusuchen, geht man auch heute noch auf eine Zeitreise. Es ist eine Reise in die Welt der Jäger und Sammler, der nomadisierenden Hirten und Bauern. Schwierige politische Verhältnisse, rauhe Reisebedingungen und überall lauernde Gefahren halten jene ab, die komfortabel reisen wollen. Die anderen jedoch werden entlang des Rift Valley finden, was man in dieser Intensität, Vielfalt und Schönheit nirgendwo sonst auf der Welt finden kann.

MARLE LUNGO, 29, HAMER.
TURMI, ÄTHIOPIEN.

Marle Lungo kam zum Markt in Turmi mit einem großen Bündel Brennholz, das sie im Busch gesammelt hatte. Sie wird damit Tauschhandel treiben oder, wenn sie Glück hat, dafür ein paar Birr (äthiopische Währung) bekommen.

ALO MANA, 25, HAMER.
TURMI, ÄTHIOPIEN.

Alo Mana kam mit einem dicken Büschel Heu zum Markt in Turmi, um es gegen ein paar Dinge des täglichen Bedarfs zu tauschen, die man nur in Turmi erhält. Hier findet in einem Umkreis von mehr als 100 Kilometern der einzige Markt statt.

VON LINKS NACH RECHTS:
BUNA, 16; GABUSCHE, 17;
SHOSHO, 17; AILO, 16; UND
LISO, 14; HAMER. TURMI,
ÄTHIOPIEN.

Buna, Gabusche, Shosho, Ailo und Liso sind nicht verheiratet. Der Marsch durch den Busch nach Turmi dauert viele Stunden, aber der Marktbesuch ist eine willkommene Gelegenheit, andere zu treffen. Die Hamer sind ein Volk von jungen Menschen mit niedriger Lebenserwartung.

BUNA, 16, HAMER. TURMI, ÄTHIOPIEN.

Für Buna, wie für die anderen Frauen in ihrem abgeschiedenen Stammesgebiet im Südwesten Äthiopiens, ist es ganz natürlich, barbrüstig zu sein. Die vielen Armreifen und Halsketten zeigen, dass sie aus einem wohlhabenden Clan mit großem Viehbestand kommen.

BUNA, 16 (LINKS); UND
GABUSCHE, 17 (RECHTS);
HAMER. TURMI,
ÄTHIOPIEN.

Buna und Gabusche
waren zwei von einigen
Dutzend junger
Hamer-Frauen, die zum
Montagsmarkt nach
Turmi kamen. Das Dorf
Turmi hat nur eine Straße,
einen Baum, eine Polizei-
station und einige
Karawansereien. Für die
Frauen aus den Dörfern
in der Savanne ist der
Ausflug nach Turmi ein
Besuch der »großen
Stadt«.

TAGASHU COLI, 23, HAMER.
TURMI, ÄTHIOPIEN.

Tagashu Coli ist ein
Viehhirte der Hamer.
Wie seine Altersgenossen
ist er die meiste Zeit mit
seinen Rindern in der
Savanne. Wenn er mit
der Herde unterwegs ist,
hat er eine Kalabasse
für Wasser, einen Stock,
einen kleinen Hocker aus
Holz (der ihm auch als
Kopfstütze dient) und eine
Kuhhaut dabei, mit der
er sich vor Regen schützt.
Er kaut auf einem Stück
Holz, das Zähne und
Zahnfleisch gesund erhält.

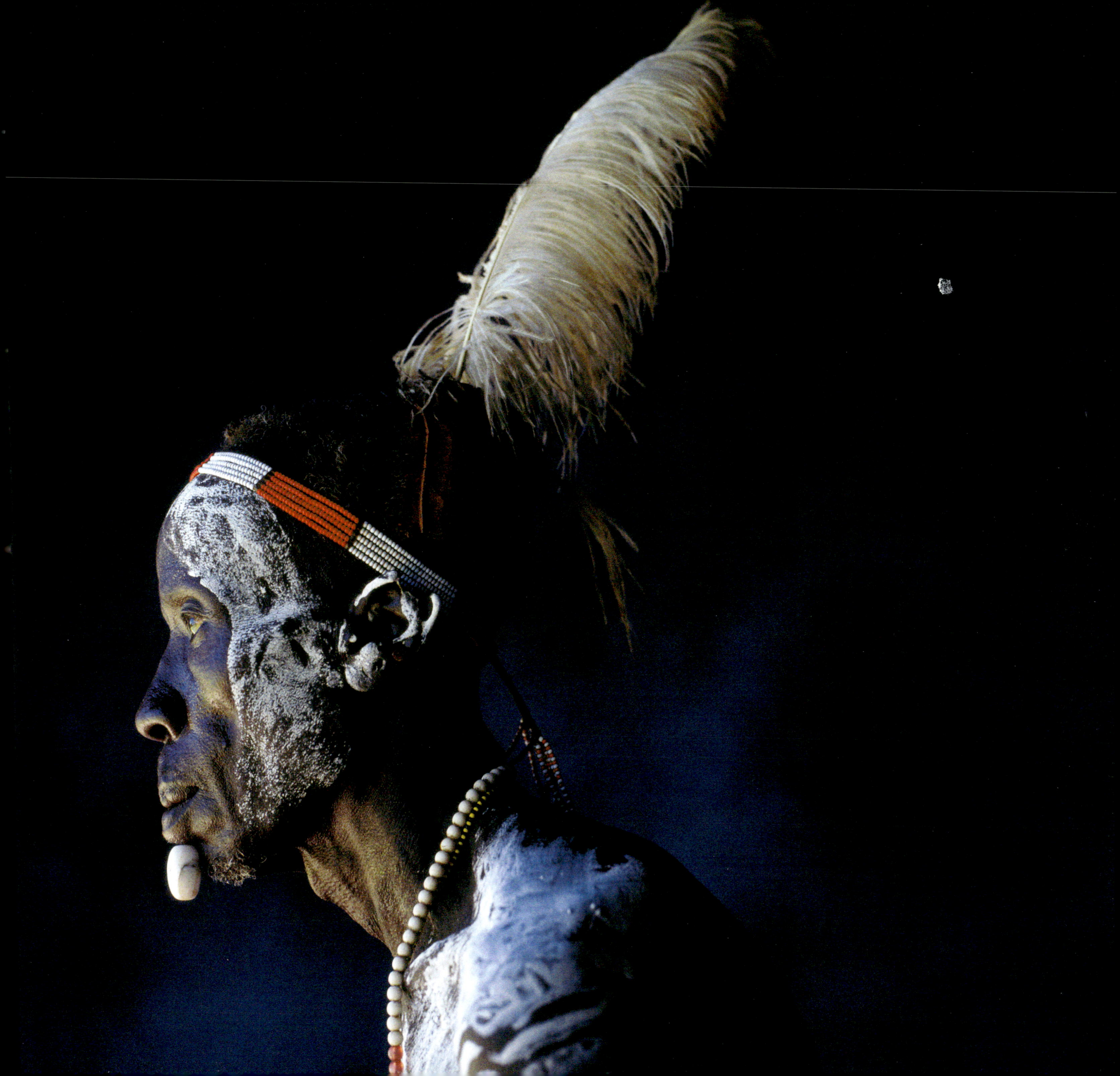

GAO, 17, KARO. DUS, ÄTHIOPIEN.

Gao lebt in dem Karo-Dorf Dus. Der Karo-Stamm wird nicht mehr lange existieren, er zählt nur noch knapp 4000 Mitglieder. Sie ernähren sich hauptsächlich von Sorghum, das auch bei ihren Nachbarn, den von ihren Rindern lebenden Hamer, sehr beliebt ist.

GEGENÜBER:
MUNTE, 22 (LINKS); UND GAO, 17 (RECHTS); KARO. ROUSSOS CAMP, ÄTHIOPIEN.

Munte und Gao haben sich bemalt. Um schöner zu sein, benutzen sie einen einfachen Nagel, den sie durch ein permanentes Loch in der Unterlippe stecken.

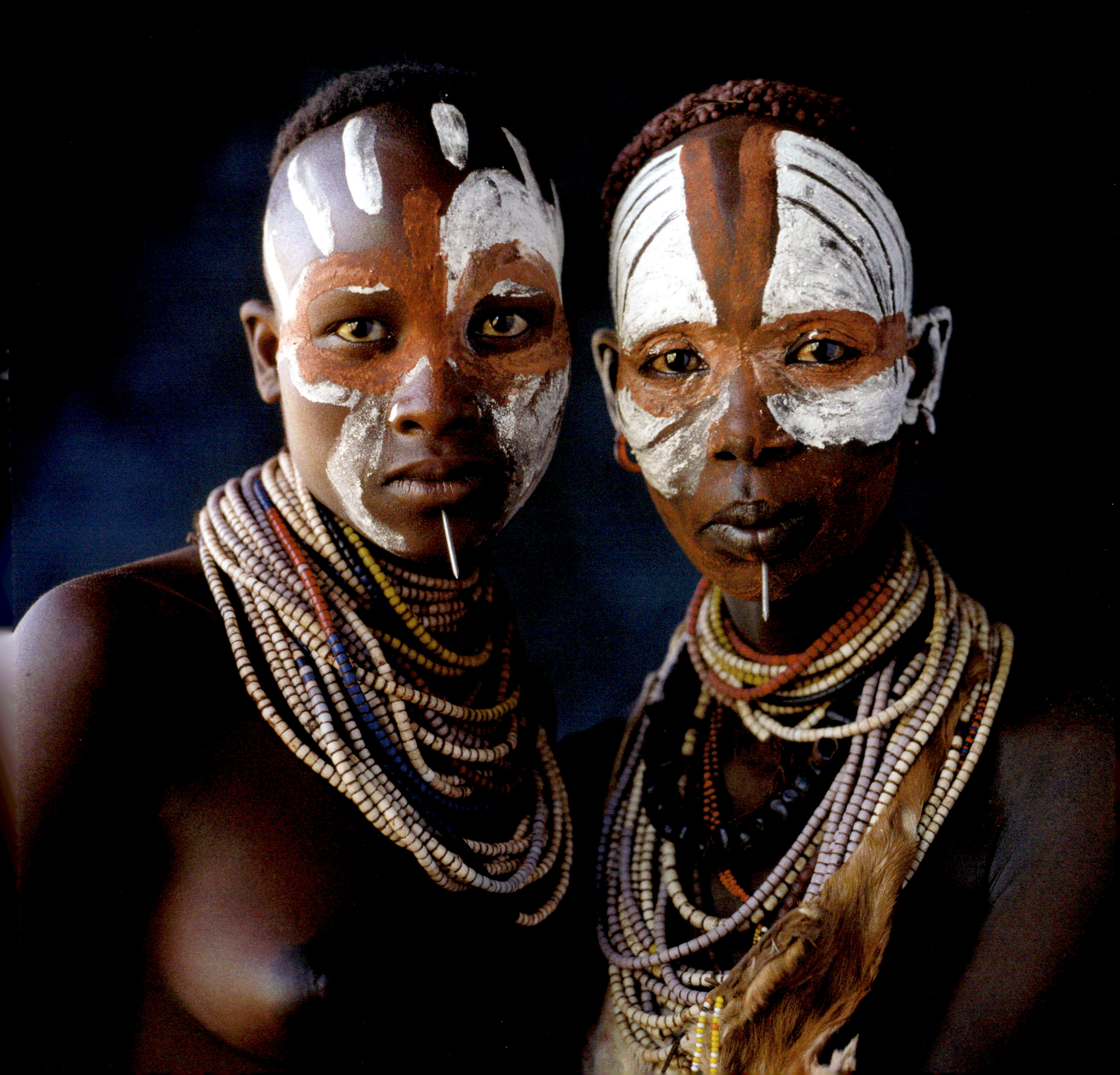

BEREGI, 15, HAMER.
TURMI, ÄTHIOPIEN.

Beregis Körper ist in der für Hamer-Frauen typischen Weise verziert. Die sehr schmerzhafte Prozedur wurde von ihrem älteren Bruder vorgenommen; sie gilt als Beweis, dass Beregi Schmerzen ertragen kann und nun zur Frau geworden ist.

BUNU, 15, KARO. ROUSSOS CAMP, ÄTHIOPIEN.

Bunu hat sich kleine Muschelschalen auf dem Solarplexus unter die Haut setzen lassen. Ein Zeichen dafür, dass sie starke Schmerzen ertragen kann, es dient aber auch der Verschönerung.

WENN EIN STAMM VOM ANGESICHT DER ERDE VERSCHWINDET, VERSCHWINDET NICHT NUR EINE GEFÄHRDETE KULTUR. SEINE MITGLIEDER WERDEN BIOLOGISCH WEITERLEBEN, ABER ETWAS ANDERES WIRD VERSCHWUNDEN SEIN, EINE ENTITÄT, DIE SO VERGÄNGLICH WIE EINE IDEE IST, SO FLÜCHTIG WIE DER DUFT EINER BLUME. ES IST DAS ENDE EINER TANZVORFÜHRUNG AUF EINER SICH STÄNDIG VERÄNDERNDEN BÜHNE.

DORE LALE, 50, JÄGER, KARO.
ROUSSOS CAMP, ÄTHIOPIEN.

Im Antlitz von Dore Lale spiegelt sich die Situation seines Stammes. Auf den Gesichtern der Ältesten liegt eine Traurigkeit, die vom Niedergang ihrer Stammeskultur kündet. Nur die Jungen sind noch enthusiastisch und zuversichtlich, die Alten sehen für die Karo keine Zukunft mehr.

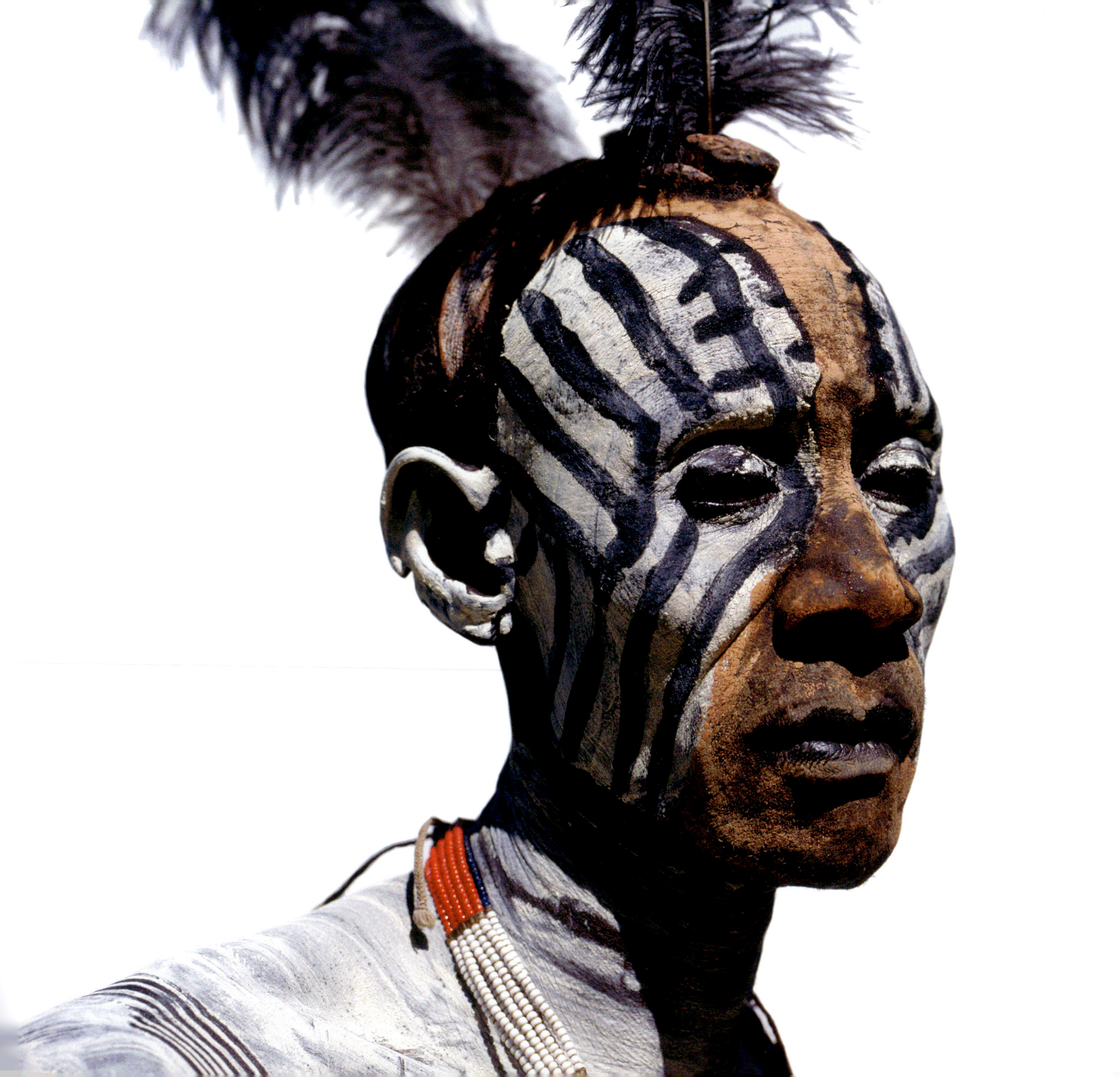

**MARIJA, 23, KARO.
ROUSSOS CAMP, ÄTHIOPIEN.**

Die noch ledige Marija ist wie ihre Altersgenossinnen mit einem einfachen Schaffell gekleidet, das sie mit Halsketten und Armreifen aufwertet. Die meisten jungen verheirateten Frauen, die wir in den Karo-Dörfern sahen, waren schwanger oder hatten gerade ein Kind geboren.

**GEGENÜBER, VON LINKS NACH RECHTS:
DINA, 18; DULU, 30; KOPINI, 30;
GURMARE, 25; UND OKADA, 35;
HIRTEN, HAMER. BEI KOLCHO,
ÄTHIOPIEN.**

Wir trafen Dina, Dulu, Kopini, Gurmare und Okada, als sie mit einer Herde von ein paar hundert Rindern durch die Savanne zogen. Die jungen Männer sind ständig bei dem Vieh. Okada und Gurmare waren bereits richtige Krieger und hatten die »Rindersprung-Initiation« des Stammes hinter sich, mit der die jungen Hamer-Männer ihre Stärke und Agilität unter Beweis stellen.

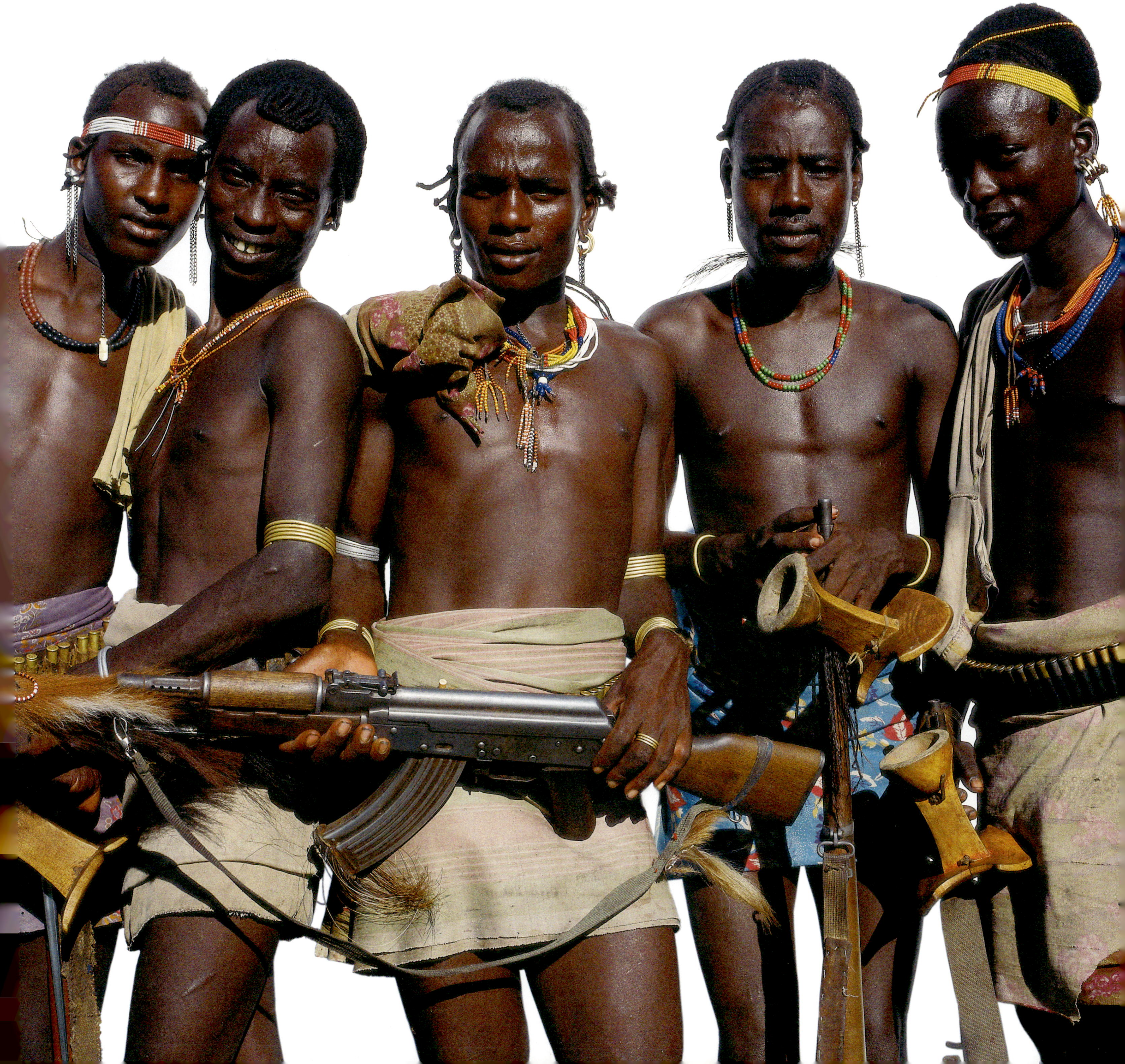

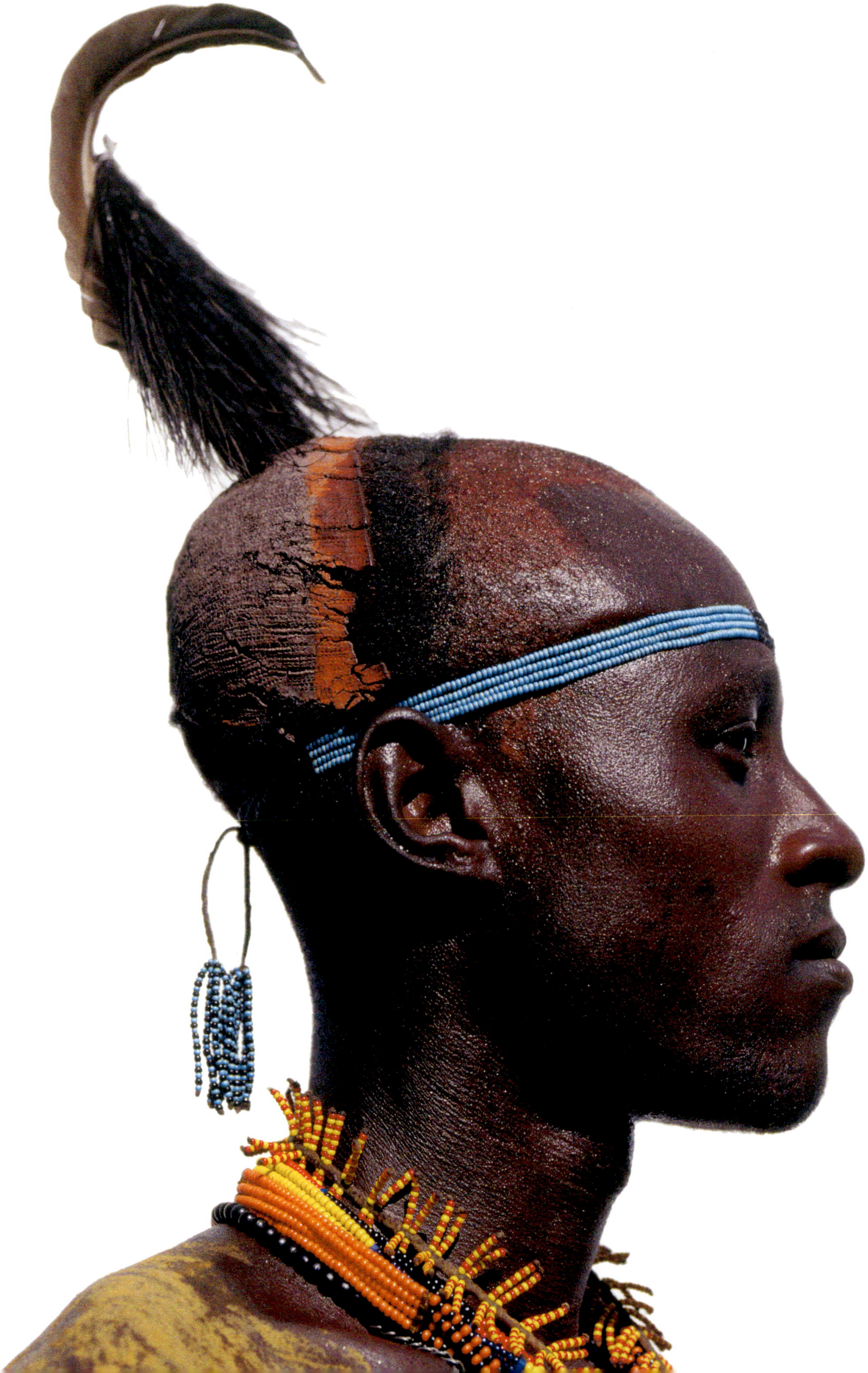

**DIESE SEITE UND GEGENÜBER:
LALE AREDA, 35, BAUER UND JÄGER,
KARO. KOLCHO, ÄTHIOPIEN.**

Lale Areda ist für den Tag gekleidet. Die Farbe verziert seinen Körper, schützt ihn aber auch vor Moskitos und der sengenden Sonne. Er ist auf dem Weg in die endlose Savanne, die sein Dorf umgibt. Die Karo jagen selten mit dem Speer, da Gewehre leicht zu haben sind. Die jüngere Generation hat die traditionellen Jagdtechniken ihrer Väter verlernt.

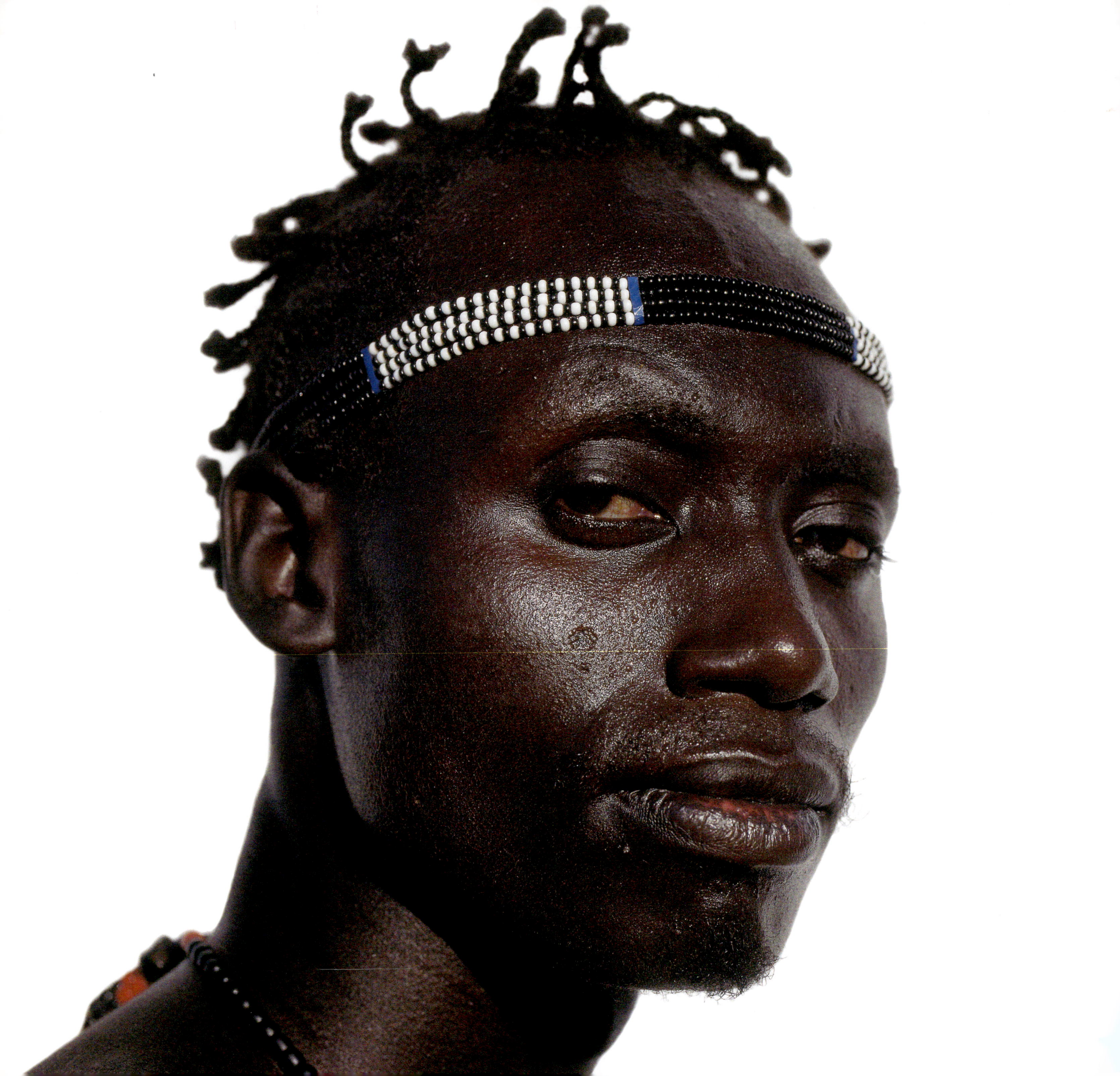

VIELMEHR IST JEDES MENSCHENGESICHT EINE
HIEROGLYPHE, DIE SICH ALLERDINGS ENTZIFFERN LÄSST,
JA, DEREN ALPHABET WIR FERTIG IN UNS TRAGEN. SOGAR
SAGT DAS GESICHT EINES MENSCHEN, IN DER REGEL, MEHR
UND INTERESSANTERES, ALS SEIN MUND: DENN ES IST DAS
KOMPENDIUM ALL DESSEN, WAS DIESER JE SAGEN WIRD;
INDEM ES DAS MONOGRAMM ALLES DENKENS UND
TRACHTENS DIESES MENSCHEN IST.

ARTHUR SCHOPENHAUER,
PARERGA UND PARALIPOMENA,
»ZUR PHYSIOGNOMIK«

AJA, 22, KARO. KOLCHO, ÄTHIOPIEN.

Aja war bei der äthiopischen Armee, um der Abgeschiedenheit seines Dorfes zu entfliehen. Als er zurückkehrte, konnte er sich nicht mehr an das ruhig fließende Leben im Dorf gewöhnen. Als wir abfuhren, bat er uns, ihn zur Hauptstraße mitzunehmen. Er wollte zurück nach Addis Abeba.

NAKITA OLEGOLE, 17, MURSI. MAKARO, ÄTHIOPIEN.

Die Mursi-Frauen tragen große Tonplatten in der Unterlippe. In jungen Jahren wird die Lippe aufgeschlitzt, später werden nach und nach immer größere Tonplatten eingesetzt. Für die Mursi, die Männer und die Frauen, sind sie ein Zeichen besonderer Schönheit.

NABOKE, 15, MURSI.
MAKARO, ÄTHIOPIEN.

Mursi-Frauen mögen auch große Ohrplatten. Im Kindesalter werden kleine Platten in einen Schlitz in den Ohrläppchen eingelegt und mit der Zeit durch immer größere ersetzt. Sie können einen Durchmesser von bis zu zehn Zentimetern haben.

KÖRPERBEMALUNG
DER MURSI.

Die Mursi zählen zu
den isoliertesten Völkern
Ostafrikas. Es sind sehr
scheue Menschen. Sie
leben am Omo, westlich
von Jinka. Für viele Män-
ner ersetzt die Körper-
bemalung die Kleidung.

KÖRPERBEMALUNG
DER KARO.
MAKAR, ÄTHIOPIEN.

Jeden Morgen sahen
wir zu, wie die Karo sich
gegenseitig mit Kalk
verschlungene Muster
auf den Körper malten.
Körpermalerei ersetzt
oft die Kleidung.

KUIJE, 19, KARO. ROUSSOS CAMP, ÄTHIOPIEN.

Kuije, ein Karo-Mädchen aus dem Dorf Kolcho,
wird in ihrem Leben noch viele Veränderungen erleben.
Alte Sitten und Bräuche verschwinden. Ihr künftiger
Ehemann wird kein Wild mehr zum Jagen finden.
Die jungen Männer, die vom Militärdienst zurückkehrten, haben neue Ideen ins Dorf gebracht. Der Kontakt
mit anderen Kulturen verändert die heimischen Traditionen, nach denen die Alten noch leben.

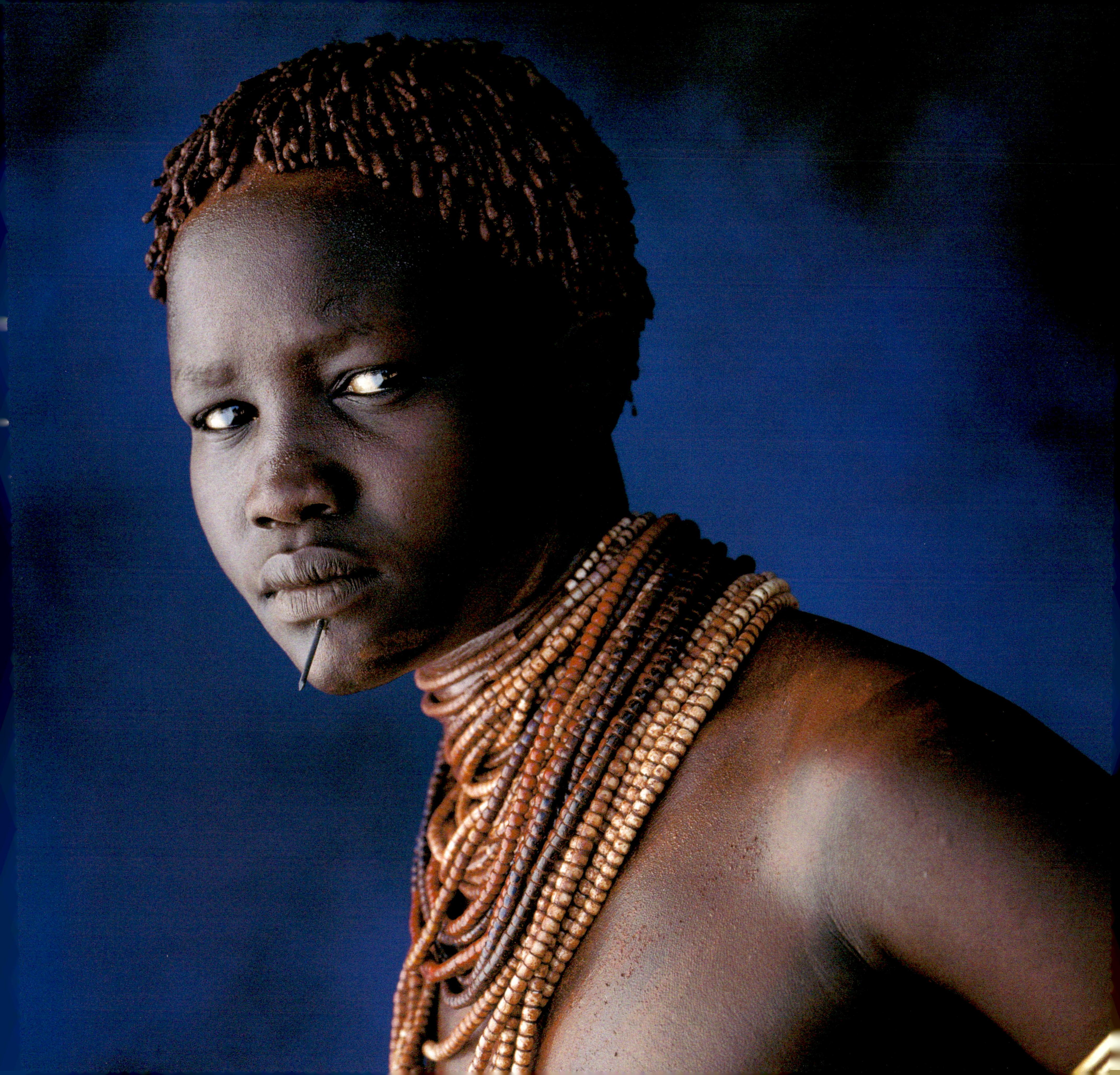

KIYO WARIO, 48,
VIEHZÜCHTER, BORANA.
DUBULUK, ÄTHIOPIEN.

Die Borana besitzen Rinder, Schafe und Ziegen. Sie ähneln den Somali und pflegen gleiche Stammessitten. In der Region im südlichen Äthiopien, wo sie leben, fallen im Jahr etwa dreißig Zentimeter Regen. Nur weil die Borana ständig auf Wanderschaft zu den saisonalen Weidegründen sind und sie ein gerechtes Wasserverteilungssystem zwischen den Clans haben, können sie in dieser menschenfeindlichen Umgebung überleben.

WAGO DABASA, 32,
VIEHZÜCHTER,
BORANA. DABASA WARIO,
ÄTHIOPIEN.

Auf der Stirn trägt Wago Dabasa ein *kaltacha*, ein Phallussymbol, ein Überbleibsel aus alter Zeit, als die Borana-Männer den getöteten Feinden den Penis abschnitten und diesen bei der Rückkehr stolz auf der Stirn trugen.

KOYNANTE, 24,
MORAN, SAMBURU,
MARALAL, KENIA.

Koynantes Tage als Krieger sind gezählt, dann wird er seine farbenprächtige Kleidung ablegen müssen. Wenn er heiratet, wird ihm der Vater seinen Erbanteil an Vieh vermachen. Solange Koynante selbst keinen Sohn hat, der *moran* (Krieger) ist, wird er andere *morans* dafür bezahlen, dass sie sein Vieh auf die Weide bringen.

LLACHERDA, 26,
MORAN, SAMBURU.
MARALAL, KENIA.

Llacherda ist stolz auf seine langen Haarflechten. Jeden Tag verbringen die *morans* Stunden damit zu, sich gegenseitig das Haar in feine lange Flechten zu legen und sie in Form zu halten. Sie werden mit einer natürlichen Ockerfarbe behandelt. Die acht Jahre, während sie *morans* sind, sind der Höhepunkt im Leben eines jeden männlichen Samburu.

VON LINKS NACH RECHTS:
TOPIA, 23; LLACHERDA, 26;
UND KOYNANTE, 24;
MORAN, SAMBURU.
MARALAL, KENIA.

Topia, Llacherda und Koynante sind *morans* oder Krieger der Samburu. Alle acht Jahre ist eine neue Altersgruppe an der Reihe und dann wird die vorangegangene Altersgruppe zu Haushaltsvorständen. Für junge Samburu-Männer ist die offizielle Übernahme der Verteidigungs- und Hirtenpflichten die wichtigste Zeremonie ihres Lebens.

NDOLO, 20,
MORAN, SAMBURU.
MARALAL, KENIA.

Ndolo ist ein Samburu-Krieger mit aufwändigem Kopf- und Halsschmuck. Nur *morans* dürfen, einem uralten Kodex folgend, Schmuck auf Kopf und Nacken tragen. Sowie die Männer aus dem Stand eines *morans* ausscheiden, müssen sie die übliche farblose Kleidung tragen.

VON LINKS NACH RECHTS:
NAIDASHA, 15; SITIMI, 17;
UND MATANET, 13;
SAMBURU.
MARALAL, KENIA.

Bis sie heiraten, führen die Samburu-Mädchen ein relativ freies Leben. Naidasha, Sitimi und Matanet tragen die rote Kleidung unverheirateter Frauen. Wie die jungen Männer ihres Alters machen sich auch die Mädchen mit vielfältigem Stammesschmuck begehrenswert.

MAGIDA, 16, SAMBURU.
MARALAL, KENIA.

Magida ist eine unverheiratete Samburu. Sie schmückt Hals und Nacken mit auf Draht gezogenen Perlen. Die Ketten können bis zu zwölf Pfund schwer sein. Im Alter von fünf Jahren erhalten Samburu-Mädchen den ersten Schmuck von ihrem Vater, dann von ihrem *moran*-Freund und später von ihrem Ehemann. Nachdem sie geheiratet hat, wird Magida die Hütte selbst bauen, in der sie und ihr Mann ihre Kinder großziehen werden.

ALS SIE UNSER STUDIO BETRATEN, ERSCHIENEN UNS
DIESE MENSCHEN, ALS WÄREN SIE GERADEWEGS AUS EINER
MYSTISCHEN VERGANGENHEIT HERÜBERGETRETEN. WENN
MAN IHNEN ZUHÖRTE, GLAUBTE MAN, STIMMEN AUS DER
VERGANGENHEIT ZU VERNEHMEN. AUCH JETZT, BEIM
BLICK AUF DIE FOTOS, KOMMT ES UNS MANCHMAL VOR,
ALS WÜRDEN WIR ÜBER DIE ZEIT HINWEG IN DIE
GESICHTER UNSERER VORFAHREN SCHAUEN.

MACHUCH LENGUPAE, 36,
SAMBURU. MARALAL, KENIA.

Wie ihr blauer Umhang
verrät, ist Machuch Lengupae
verheiratet. Bei den Samburu
werden Frauen vor der
Hochzeit beschnitten.

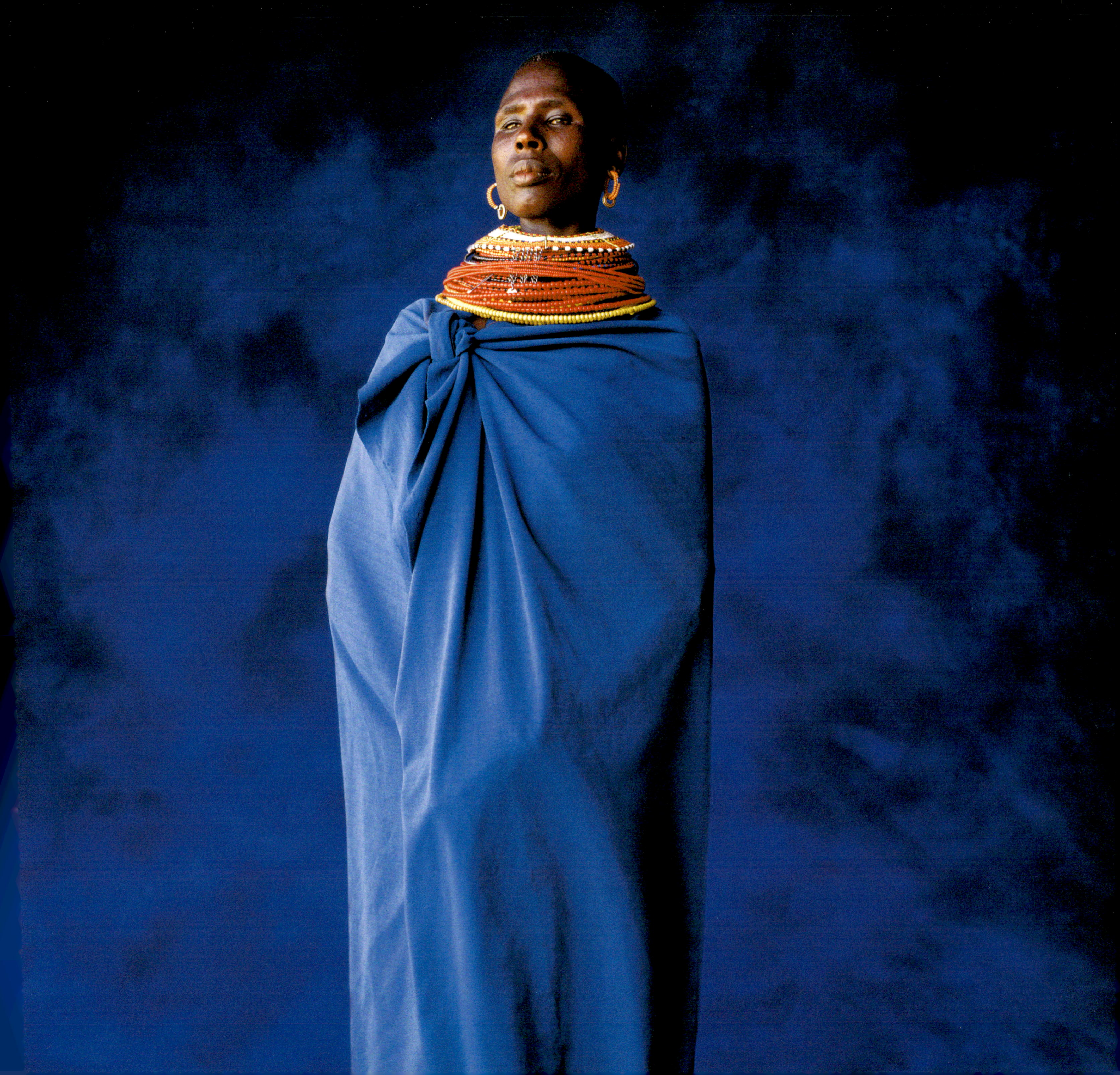

BRINDA BAN, 54 (LINKS);
UND BIMOL SAM, 50
(RECHTS); SADHUS.
PUSHKAR, RAJASTHAN.

Brinda Ban und Bimol
Sam sind ein tief religiöses
brahmanisches Ehepaar.
Seit zehn Jahren, seit Sohn
und Tochter das Haus ver-
lassen haben, leben sie als
Sadhus und ziehen von
Ashram zu Ashram, wo
sie umsonst essen und
wohnen können.

WÜSTENBLUMEN

SADHUS UND HIRTEN DER INDISCHEN WÜSTE

Uns wurde klar, dass wir unser Projekt nicht beenden konnten, ohne Indien mit einzubeziehen. In keinem Land haben sich die Menschen länger mit ontologischen Konzepten, der Suche nach der Essenz des Seins befasst als in Indien. Das Land und seine Menschen sind von dieser Suche geprägt. In Myanmar waren wir mit der Würde im politischen Kontext der Menschenrechte konfrontiert gewesen. In Ostafrika erlebten wir sie in der bodenständigen, fest mit der Erde verwurzelten Haltung der Menschen. In Indien hofften wir die Würde zu finden, die aus der Verankerung in einer religiösen und philosophischen Dimension erwächst.

Es war in Nordindien, wo Buddha die erste gewaltlose Revolution auslöste, um die Menschen von den Erniedrigungen einer Kastengesellschaft zu befreien. Später waren es dann die islamischen Sufis, die den mit Füßen Getretenen eine neue Aussicht auf Gleichheit boten, und vor noch nicht allzu langer Zeit hatte Mahatma Gandhi dem Kolonialismus auf gewaltlose Weise ein Ende gesetzt. Wenn sich wahre Würde von Stolz unterscheidet und wenn nicht nur Intuition und Gefühl, sondern auch der menschliche Geist dabei eine Rolle spielen, dann ist Indien der Ort, wo man sie findet.

Für unsere Reise in den Nordwesten Indiens gab es noch einen weiteren Grund – die Wüste. Unsere Erfahrungen in Ostafrika hatten uns gezeigt, dass die Wüste die Menschen auf einzigartige Weise prägt. Sie bietet keinen Raum für Unwesentliches, sie transformiert die Menschen und fordert und fördert deren beste Eigenschaften. Deshalb planten wir, durch Gujarats Tharwüste zu fahren, nachdem wir Besucher der muslimischen und hinduistischen Feste in Rajasthan fotografiert hatten.

Schon 1984 waren wir während der Unruhen, die nach der Ermordung Indira Gandhis ganz Nordindien erfasst hatten, in Rajasthan gewesen. Delhi, Uttar Pradesh und Haryana standen vor einem Bürgerkrieg, und wenn auch Rajasthan so friedlich wie eh und je war, war es doch nicht der geeignete Augenblick, um zu fotografieren, was uns auf Anhieb faszinierte. Wir nahmen uns vor zurückzukehren, um uns diese Menschen genauer anzusehen. Die gepflegten, mit an Eitelkeit grenzendem Stolz getragenen Bärte der Männer und die goldenen, glitzernden Ohr- und Nasenringe der Frauen konnten ihre natürliche Anmut und Würde nicht verdecken. 1984 wussten wir noch nicht, dass es 14 Jahre dauern würde, bis sich diese Gelegenheit bot.

Im November 1998 standen in Pushkar und Ajmer zwei bedeutende Feste bevor: der alljährliche Kamelmarkt von Pushkar und das Urs-Fest des wichtigsten Sufi-Heiligen in Ajmer, zu denen jeweils mehr als eine Million Pilger strömen. Es war ein seltenes Zusammentreffen, das zu ein und demselben Zeitpunkt ein breites Spektrum von muslimischen und hinduistischen Gläubigen in Gebiete führen würde, die nur durch eine niedrige Bergkuppe getrennt waren. Während Ajmer die heiligste aller Sufi-Pilgerstätten in Indien ist, ist Pushkar eines der wichtigsten Hindu-Pilgerzentren mit dem wahrscheinlich einzigen noch existierenden Tempel, der Brahma geweiht ist.

Schon Monate vor den Ereignissen fuhren wir nach Pushkar, um Vorbereitungen zu treffen. Mit Hilfe des Vorsitzenden der Gemeindeverwaltung wählten wir einen Standort für das Studio in der Nähe des Kapalishwara-Tempels inmitten des Weidegeländes für die 16 000 Kamele. Was wir als verdorrte leere Weide erlebt hatten, wurde am Tag des Vollmonds von Kartika zum Mittelpunkt einer provisorischen Stadt für Zehntausende Besucher. Unser kubisches, schwarzes Studio stand an der Hauptkreuzung und war von überall zu sehen.

Wie schon Jahre zuvor beim Manao-Fest in Myitkyina kamen auch hier die unterschiedlichsten Menschen von alleine zu unserem Studio; sie waren begierig, sich fotografieren zu lassen. Wir hatten nicht das Problem, die

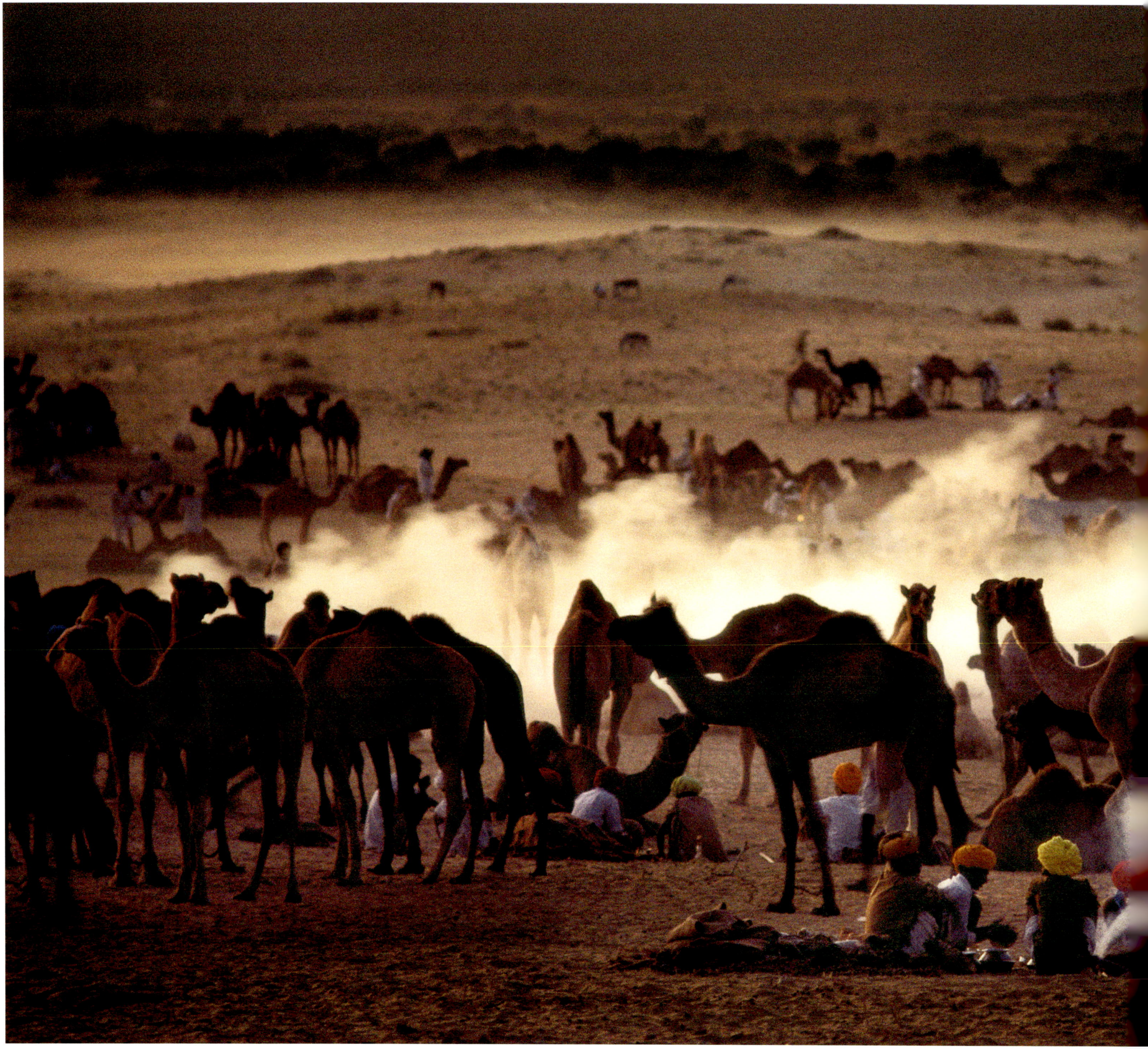

richtigen Menschen zu finden, sondern unter den vielen, die alle geeignet schienen, bestimmte auszuwählen. Savera (Seiten 61, 63), Gujar (Seiten 64, 75), Schlangenbeschwörer (Seiten 65, 74) und Tänzerinnen (Seite 60) belagerten unser Zelt und wir mussten zwei gebieterisch wirkende Kamelhirten als Wachmänner engagieren, um in Ruhe arbeiten zu können.

Der Tierhandel, der knapp zehn Tage vor Vollmond beginnt, ist für den Markt genauso wichtig wie die religiöse Tradition, von einem der 52 *ghats* (Treppen) des Pushkar-Sees aus ein rituelles Bad zu nehmen. Das Bad im seichten Wasser an *Kartika Purnima* (der Vollmondnacht im November) soll die Gläubigen von all ihren Sünden, selbst von Todsünden befreien. Die Stadt quoll geradezu über vor Menschen: Brahmanen (Seite 91), Swamis, Sadhus (Seiten 68, 69), Sanyassins und Yogis (Seite 70), die wie die beiden frommen Eheleute (Seite 54) von weit her kamen, aus Kalkutta oder Madras. Sie tragen verschiedene Bezeichnungen, sind aber alle auf demselben Weg, der sie ihrer Überzeugung nach zur *moksha*, der Lösung von allen weltlichen Bindungen, führen wird.

Eine andere Gruppe kam weder wegen der Religion noch wegen des Tierhandels zum Markt. Sie bestand aus Menschen, die von einer religiösen Zusammenkunft zur nächsten ziehen und dabei, heilige Männer imitierend, die frisch erworbene Tugendhaftigkeit der gerade sündenfrei gewordenen Gläubigen nutzen, um Almosen zu bekommen. Hermaphroditen, deren Anwesenheit bei bestimmten Anlässen Glück bringt, freiwillige und unfreiwillige Krüppel, die Sadhus werden, um ihre Familien zu ernähren (Seite 73), waren nur einige der vielen, die das Gesicht von Pushkar während des Festes prägten. Ihre Würde und Menschlichkeit, verborgen hinter Kasten- und Ritualdenken und verdeckt vom Staub und Schmutz der engen, glühenden Straßen, leuchtete sofort auf, sobald sie in unserem Studio das Leid und Elend ihrer täglichen Existenz hinter sich ließen.

Zur gleichen Zeit herrschte in Ajmer beim Urs-Fest, mit dem die Wiedervereinigung des Heiligen mit Gott gefeiert wird, eine ganz andere Stimmung. Zum Urs-Fest strömten fast so viele Menschen wie zum Pushkar-Markt. Es findet rund um das Dargah von Khwaja Moinuddin Chisti statt, dem Grab des Sufi-Heiligen aus dem 12. Jahrhundert. Er wird von Moslems, Hindu und Sikhs gleichermaßen verehrt. Der Sufismus, der mystische Aspekt des Islam, hat mit dem Glauben, wie er von den islamischen Revolutionären des Nahen Ostens interpretiert wird, nur wenig gemein.

KAMELE AUF DER PUSHKAR-MELA, RAJASTHAN, INDIEN.

Die Sufi-Heiligen waren Dichter und Mystiker, deren Schriften derselben göttlichen Ekstase entsprangen wie die der hinduistischen Bhakti-Heiligen. Einiges, das sie schrieben, ähnelt sich so sehr, dass es fast nicht zu unterscheiden ist. Khwaja Moinuddin Chisti schrieb zu Beginn des 13. Jahrhunderts: *Wer immer den Weg des ›Tariqat‹* [den Pfad, der zur Göttlichkeit führt] *beschreitet, muss sich zuallererst von der physischen Welt lösen, danach von der zweiten, der gedanklichen, und zuletzt von seinem eigenen ›Selbst‹* [Nafs], *um dem rechten Weg folgen zu können. Gelingt dies nicht, tut er besser daran, den Sufismus aufzugeben.* Dies ist eine Botschaft, die auch von einem Hindu-Weisen stammen könnte. Und mit der Aussage: *Ein Aarif ist, wer mit drei Eigenschaften ausgestattet ist – mit Frömmigkeit, mit einem Respekt gebietenden Verhalten und mit Mäßigung*, hat er uns eine Beschreibung von Würde gegeben, die nicht treffender sein könnte.

Diese Art des Islam war uns nicht fremd – wir hatten sie bereits in Pakistan und im Nizamuddin-Schrein in Delhi erlebt –, und deshalb waren wir sicher, dass wir während des Urs-Fests in Ajmer Beispiele tiefster Frömmigkeit und Andacht finden würden, die im Verständnis der Sufis Grundlage von Würde, Wahrheit und Schönheit sind.

Unser Problem bestand darin, für unser Studio einen Platz in einer Stadt mit engen Gassen zu finden, durch die Tausende Menschen dichtgedrängt zum Dargah strömten. Nach zahlreichen Diskussionen konnten wir es schließlich auf dem Dach eines eingeschossigen Textilgeschäfts am Dargah-Basar aufstellen, genau gegenüber des Eingangs zum Heiligtum. Während unser schwarzes »Ka'ba«-förmiges Studio die Neugier der Menschenmenge erregte, waren wir überwältigt von der schieren Zahl der Menschen. Am letzten Freitag des Urs zogen bei der Qul-Zeremonie rund 800 000 Pilger betend, deklamierend und singend an unserem Studio vorbei.

Hier eine vertrauensvolle Beziehung mit den Gläubigen aufzubauen war weit schwieriger als in Pushkar. Auf ihrem Weg zum Schrein waren die Menschen in Andacht versunken und gespannt in Erwartung des Kommenden. Bei ihrer Rückkehr waren sie fröhlich, offen und viele befanden sich noch in einem entrückten Zustand. Einige hatten weite Strecken zurückgelegt, kamen aus Andra Pradesh, Bangalore und dem Punjab. Wir waren überrascht, dass so viele Nichtmoslems einen islamischen Heiligen verehrten. Und wenn man an den latent schwelenden Religionskrieg denkt, den Hass, der in nordindischen Städten so häufig aufflammt, dann war Ajmer während des Urs-Fests geradezu ein Beispiel für Toleranz und gegenseitiges Verständnis.

Wir hatten unser Indienprojekt erst zur Hälfte bewältigt. Wir ließen Rajasthan hinter uns und fuhren mit unseren beiden Sumo-Jeeps nach Bhuj, unserer Basis im Norden von Gujarat. Wir hatten vor, die Menschen in der Wüste entlang der Grenze zwischen Pakistan und Indien – auf den legendären Schlachtfeldern des letzten indo-pakistanischen Krieges – zu fotografieren. Dort, weit entfernt vom bekannten Indien, hüten die letzten Nomaden des Subkontinents ihre Tiere noch immer wie in den Zeiten, als die ersten arischen Stämme über den Hindukusch kamen. Sie zu erreichen ist nicht einfach. Die Grenzregion ist nationale Sicherheitszone, Besuchsgenehmigungen werden nur im Einzelfall und streng kontrolliert erteilt. Mit einer solchen Genehmigung darf man nur auf vorgeschriebenen Routen reisen und an der Straße gelegene, gut entwickelte Dörfer besuchen, Orte, die normalerweise von Nomaden gemieden werden.

Während wir noch auf unsere Genehmigung für das Grenzgebiet im Norden warteten, stellten wir unser Studio in Tundawandh auf, in einem *bhunga*-Rundhausdorf sesshaft gewordener Rabari. Frauen des Dorfes, wie Chassibe (Seite 84), hatten bereits einen großen Schritt ins 20. Jahrhundert getan – sie sandten ihre traditionellen, bestickten Stoffe nach Bhuj auf den Markt. Keine von ihnen konnte lesen oder schreiben, aber Kinder wie Sango (Seite 78) besuchten bereits die Grundschule, während ihre Väter (Seite 86 und 87) nach wie vor traditionelle Kamelhirten waren. Die Menschen von Tundawandh machten bereits den zweiten Schritt, nachdem sie sesshaft geworden waren. Sie alle folgten zwar noch den Geboten ihres Bhopas (Priesters) aufs Wort, übernahmen aber auch langsam die Regeln der indischen Gesellschaft.

Unser vor Ort angeworbener Verbindungsmann Mangar Sumar, selbst ein Ghadavi, der seit Jahrzehnten in der Banni-Region des Nordens lebt, wusste natürlich, wo wir Nomadenfamilien finden könnten: Kachchi-Rabari (die mit den rajasthanischen Rabari nicht verwechselt werden wollen) sowie Jath, einen aus dem pakistanischen Sindh eingewanderten muslimischen Clan, der Büffel züchtet (und mit den hinduistischen Jat in Rajasthan nicht verwandt ist).

Es sind zwei der vielen zahlenmäßig kleinen Nomadenstämme oder halbnomadisierenden Hirtenstämme, die im Banni-Gebiet im Norden Gujarats und den Salzmarschen des Großen Rann von Kachchh leben. Als wir Richtung Norden auf der breiten, geteerten, für Panzer gebauten Straße zur Grenze fuhren, kannte Mangar das Schlupfloch in die Wildnis, wo wir sie zu finden hofften.

Wir suchten zwei Tage, bis wir schließlich einen Clan der nomadisierenden Dhebaria-Rabari knapp 30 Kilometer östlich von Bharandiala trafen. Sie sind im wesentlichen Schafzüchter mit ein paar Kamelen und leben von den Produkten ihrer Schafe und dem Wenigen, was das Land hergibt. Nach einer Weile und mit Mangars Kenntnissen der Rabari-Sprache war dieser kleine Clan von nicht mehr als zwanzig Angehörigen bereit, uns zu akzeptieren und mit ihnen ziehen zu lassen.

Einmal fuhren wir, während sie weiterzogen, zu einem Lager der Dhanetah-Jath, die sich mit ihren Büffeln in einem Sumpf nicht weit von der pakistanischen Grenze aufhielten. Von ihnen akzeptiert zu werden, sodass wir unser Studio in ihrem Lager aufstellen konnten, war weitaus schwieriger als bei den Rabari. Die Jath sind Moslems, sprechen dieselbe Sprache und kleiden sich wie ihre Stammesverwandten jenseits der Grenze. Wegen der angeheizten Stimmung im Grenzgebiet sind sie zurückhaltend und versuchen jeden Kontakt mit Fremden zu meiden. Wie die Rabari leben auch sie hauptsächlich von ihren Tieren, von *ghee* (geklärter Butter) und von *mawa* (Milchkuchen) aus der Milch ihrer Büffel. Doch während die Rabari unter freiem Himmel schlafen, stellen die Jath Zelte und einfache Hütten auf und bleiben für längere Zeit in einem Lager. Frauen wie Hirambai und Danetha (Seite 80) unterliegen nicht den strengen *purdah*-Gesetzen, die anderswo bei mohammedanischen Nomaden selbstverständlich sind. Sie sind stolz auf ihre Selbstständigkeit und ihre riesengroßen goldenen Nasenringe, an denen schon die kleinen Mädchen Gefallen finden.

Zu den Rabari zurückzukehren war wie Heimkommen. Aber da merkten wir auch, dass wir in verbotenem Land waren. Im Laufe der Tage hatten wir gesehen, wie indische Panzer am Horizont entlang fuhren, und bei der Fahrt durch die Wüste stießen wir immer wieder auf ihre Spuren. An jenem Abend, als wir zu den Rabari am Rande der Salzbecken zurückgekehrt waren und um das Lagerfeuer saßen, erschien aus dem Dunkel der Nacht plötzlich eine Kompanie indischer Soldaten in Kampfanzügen. Wie ihr aus Delhi stammender Offizier uns sagte, befanden sie sich auf nächtlicher Erkundung und hatten sich verirrt. Ihr Auftrag war Teil des Trockenzeitmanövers, das gerade begonnen hatte. Wir kannten glücklicherweise den Weg zum nächsten Armeelager, an dem wir auf dem Herweg vorbeigefahren waren, und so stellten sie auch keinerlei Fragen zu unserem großen Studio oder was wir hier inmitten ihrer hoch geheimen Kriegsspiele trieben.

Wir blieben zwei weitere Tage bei den Rabari und fotografierten den ganzen Clan, dessen Mitglieder sich weder als Pakistani noch als Inder begreifen. Sie sind Teil einer Welt, die für sie flach und grenzenlos ist. Als wir einem der Ältesten erklärten, dass wir seit Jahren auf Reisen sind und wüssten, dass die Erde rund ist, antwortete er: »Ich wandere seit mehr als siebzig Jahren durch dieses Land und es ist immer flach gewesen. Wenn überhaupt jemand, dann bin ich es, der aus der langen Erfahrung seines Lebens weiß, dass die Welt flach ist.«

Bevor wir Indien verließen, stellten wir unser Studio noch auf dem Dach des Gurdwara Sis Ganj im Zentrum des Chandni Chowk in Alt-Delhi auf. Nach dem Goldenen Tempel in Amritsar ist dies die wichtigste heilige Stätte der Sikhs. Einen Monat lang hatten wir Hindu, Moslems und naturgläubige Nomaden fotografiert, die nach wie vor ihre Muttergöttin in ihrer ursprünglichen Form verehren. Auf dem Dach des Gurdwara in Delhi fotografierten wir nun Sikhs, die einen unverzichtbaren Teil der religiösen Welt Indiens darstellen. Nach zwei Tagen waren Narungen Singh (Seite 94), ein Sikh-Bauer aus dem Punjab, und Harpreet Kaur (Seite 93), eine 18-jährige Sikh-Studentin, die davon sprach, in Amerika studieren zu wollen, die letzten von mehreren hundert Leuten, die wir bei unserer »Suche« auf Film festhielten. Die Suche durch die Linse hatte hier ihr vorläufiges Ende gefunden, die Suche an sich nicht, sie wird uns ein Leben lang begleiten.

VON LINKS NACH RECHTS:
MENA, 22; SEVA, 20;
RAJULI, 15; SINDIKI, 20;
SUNNITA, 20; UND REKA,
25; TÄNZERINNEN, SAVERA.
PUSHKAR, RAJASTHAN.

Mena, Seva, Rajuli, Sindiki, Sunnita und Reka gehören zu einer Savera-Tanztruppe, die zur Pushkar-Mela (dem Kamelmarkt) kommt, um die vielen Händler und Besucher zu unterhalten, die draußen in der Wüste kampieren. Im November sind die Nächte angenehm; das Fest fällt auf den Vollmond im November.

60

SUNNITA, 20,
TÄNZERIN, SAVERA.
PUSHKAR, RAJASTHAN.

Sunnita kam mit ihrem
Clan aus Jaisalmer nach
Pushkar. Obwohl die
Savera ein festes Zuhause
haben, sind sie doch die
meiste Zeit unterwegs.
An den Lagerfeuern des
Fests besteht großer
Unterhaltungsbedarf. Die
Männer sind Musiker und
die Frauen Tänzerinnen.

MIT HENNA BEMALTE
HAND VON CAMELLA, 25,
TÄNZERIN, SAVERA.
PUSHKAR, RAJASTHAN.

Die Hand von Camella,
einer Savera-Tänzerin
aus Jaisalmer, ist mit
einem komplizierten
Henna-Muster verziert.
Die Savera-Frauen tanzen
nur abends, tagsüber
bemalen sie die Hände
der Marktbesucherinnen.
Ihre eigenen bemalten
Hände dienen als Bei-
spiele für ihr Können.

REKO, 21, TÄNZERIN, SAVERA. PUSHKAR, RAJASTHAN.

Reko tanzt in einer Savera-Truppe, die bei der Mela auftritt. In Rajasthan tanzen die angesehenen Tänzerinnen zu traditioneller Volksmusik. Im Gegensatz zu vielen Frauen in Rajasthan, die den Regeln der *purdah* folgen, tragen die Savera-Frauen keine Schleier.

NANU RAM, 40, BAUER
UND KAMELZÜCHTER,
GUJAR.
PUSHKAR, RAJASTHAN.

Nanu Ram kam nach
Pushkar, um zwei seiner
Kamele zu verkaufen und
dafür zwei neue Tiere zu
erstehen. Dieses wunder-
schön geschmückte junge
Kamel hieß Raja und galt
als etwas ganz Besonderes.
Nanu Ram wollte Raja für
35000 Rupien (ca. 900 €)
verkaufen. Kamele können
35 Jahre alt werden.

BARSNAT, 35;
UND MOUNAT, 30;
SCHLANGENBESCHWÖRER,
SAVERA.
PUSHKAR, RAJASTHAN.

Barsnat und Mounat kamen mit einem Savera-Clan von Tänzern und Musikern. Seit über zehn Jahren treten sie auf allen großen Märkten in Nordindien auf. Ihre Schlangen sind nicht gefährlich, da ihnen die Giftzähne gezogen wurden.

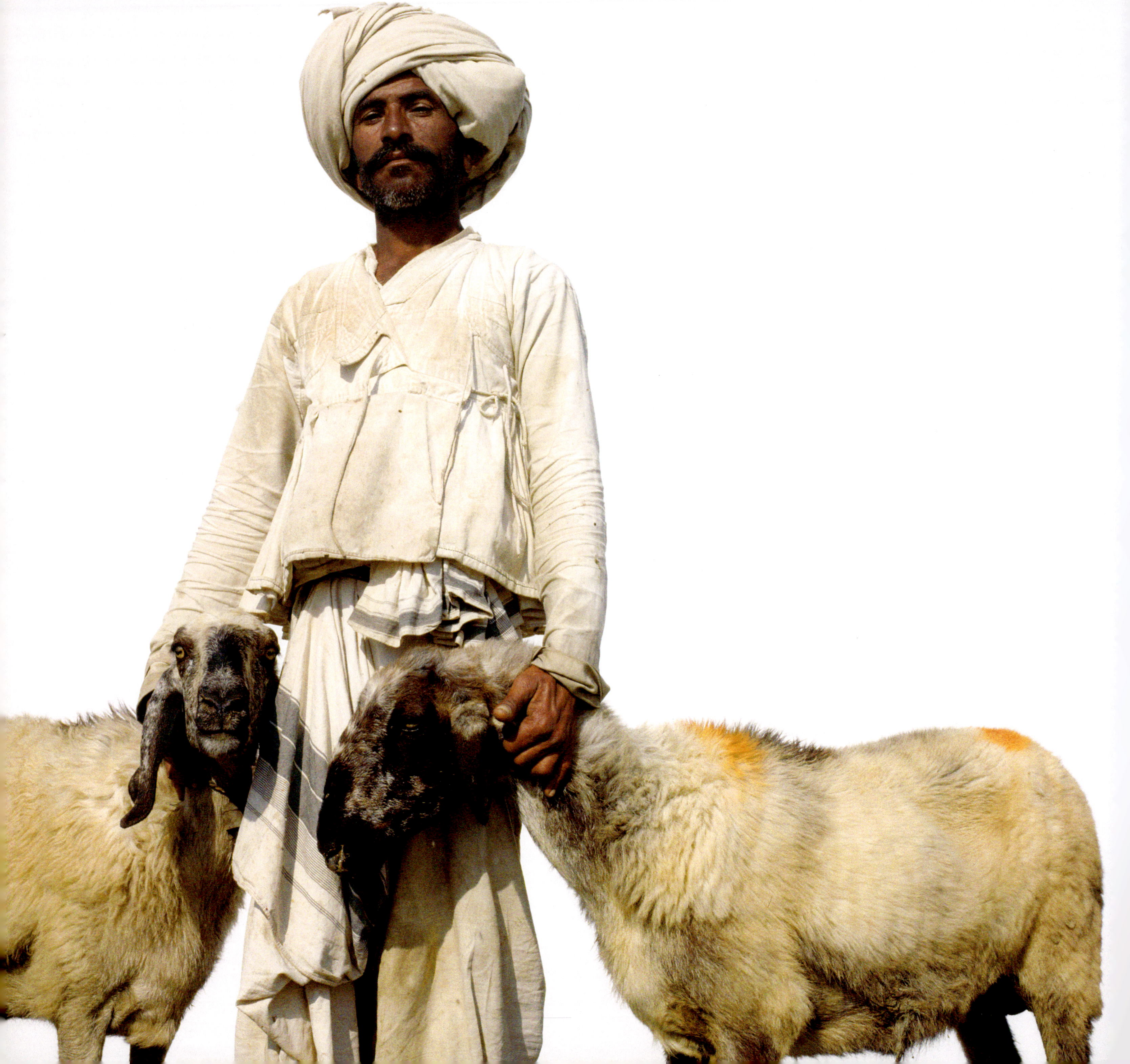

SHASHIBEN, 11, RABARI.
GROSSER RANN VON
KACHCHH, GUJARAT.

Shashiben hat noch nie die Schule besucht, ihr Clan zieht mit seinen Schaf- und Ziegenherden auf uralten Routen durch die Wüste. Shashiben wird bald selbstproduzierte Wolle in handgewebte Stoffe verwandeln. Sie melkt die Schafe und Ziegen und versorgt das Lager mit Wasser, das sie von weit entfernten Wasserlöchern holt und in einem schweren Messingbehälter auf dem Kopf balanciert.

LINKS: SARGARA, 30, HIRTE, RABARI. GROSSER RANN VON KACHCHH, GUJARAT.

Sargara ist ein Rabari-Nomadenhirte. Zehn Monate im Jahr ist sein Clan auf den traditionellen Weiderouten am Rande der Salzpfannen des Großen Rann von Kachchh unterwegs. In der Regenzeit bauen sie sich einfache Unterkünfte, die übrige Zeit im Jahr führen sie das Leben von Nomaden.

VON LINKS NACH RECHTS:
PRIMNATH, 24;
RAM NARAYAN, 50;
UND JAGDISH, 30; SADHUS.
PUSHKAR, RAJASTHAN.

Primnath ist seit
acht Jahren Sadhu,
Ram Narayan ist es seit
zwanzig und Jagdish seit
zehn Jahren. Sie ziehen
von einem religiösen Fest
zum nächsten. Auch wenn
sie von den Almosen leben,
gelten sie nicht als Bettler,
sondern als tief religiöse
Männer, die allen welt-
lichen Gütern entsagt
haben.

NAGA BABA, 45, SADHU.
PUSHKAR, RAJASTHAN.

Naga Baba darf als
eingetragener Sadhu in
der Öffentlichkeit *ganja*
rauchen, was er auch in
unserem Studio tat.
Er wuchs in einem
Ashram in der Stadt Sojad
auf und lebt nun in einem
Ashram in Jodhpur.

MADAN BARKA, 52, YOGI.
AJMER, RAJASTHAN.

Madan Barka war 25 Jahre lang Eisenbahnbediensteter. Er ließ seine Frau und seine drei Kinder in Nagpur zurück, um Hindu-Yogi zu werden (ein Mensch mit einer von Mystik geprägten Lebensanschauung). Mit seiner Teilnahme am muslimischen Sufi-Fest überschreitet er verfestigte religiöse Grenzen.

VON LINKS NACH RECHTS:
CHOTURAM, 35, BAUER;
PUNARAM, 50, ZIEGEN-
HIRTE; DUNGARAM, 32,
KAMELHÄNDLER;
UND SARWAN SINGH, 50,
NACHTWÄCHTER;
RAJASTHANI.
PUSHKAR, RAJASTHAN.

Diese vier Männer sind typische Besucher des Kamel- und Rindermarkts in Pushkar. Die meisten Händler treffen fünf Tage vor dem Vollmond ein, damit sie mit ihren Geschäften fertig sind, bevor die Mela richtig beginnt.

ARMUT IST HEUTE ETWAS ANDERES ALS IN ALLEN
VORANGEGANGENEN JAHRHUNDERTEN. SIE IST NICHT MEHR
WIE FRÜHER DIE FOLGE EINES MANGELS AN NATÜRLICHEN
RESSOURCEN, SONDERN SIE ERGIBT SICH AUS DEN PRIORITÄTEN,
WIE SIE DEM REST DER WELT VON DEN REICHEN LÄNDERN
VORGESETZT WERDEN. FOLGLICH WIRD DEN ARMEN UNSERER ZEIT
KEIN MITLEID ENTGEGENGEBRACHT, SONDERN SIE WERDEN ALS
ARMSELIGES PACK ABGESCHRIEBEN. DIE KONSUMORIENTIERTE
WIRTSCHAFT DES 20. JAHRHUNDERTS HAT ZUM ERSTEN MAL
EINE KULTUR GESCHAFFEN, IN DER EIN BETTLER AN
GAR NICHTS GEMAHNT.

JOHN BERGER

HUNAMANTA, 35 (LINKS); UND KRISHANA, 22
(RECHTS); BETTLER. PUSHKAR, RAJASTHAN.

Hunamanta und Krishana, zwei verkrüppelte Bettler,
haben sich auf Art der Sadhus mit Asche eingerieben.
Hunamanta kommt aus Kalkutta, Krishana aus
Karnataka. Wegen der vielen mitfühlenden Pilger,
die Märkte und Feste wie die Pushkar-Mela besuchen,
kommen Bettler aus ganz Indien hierher.

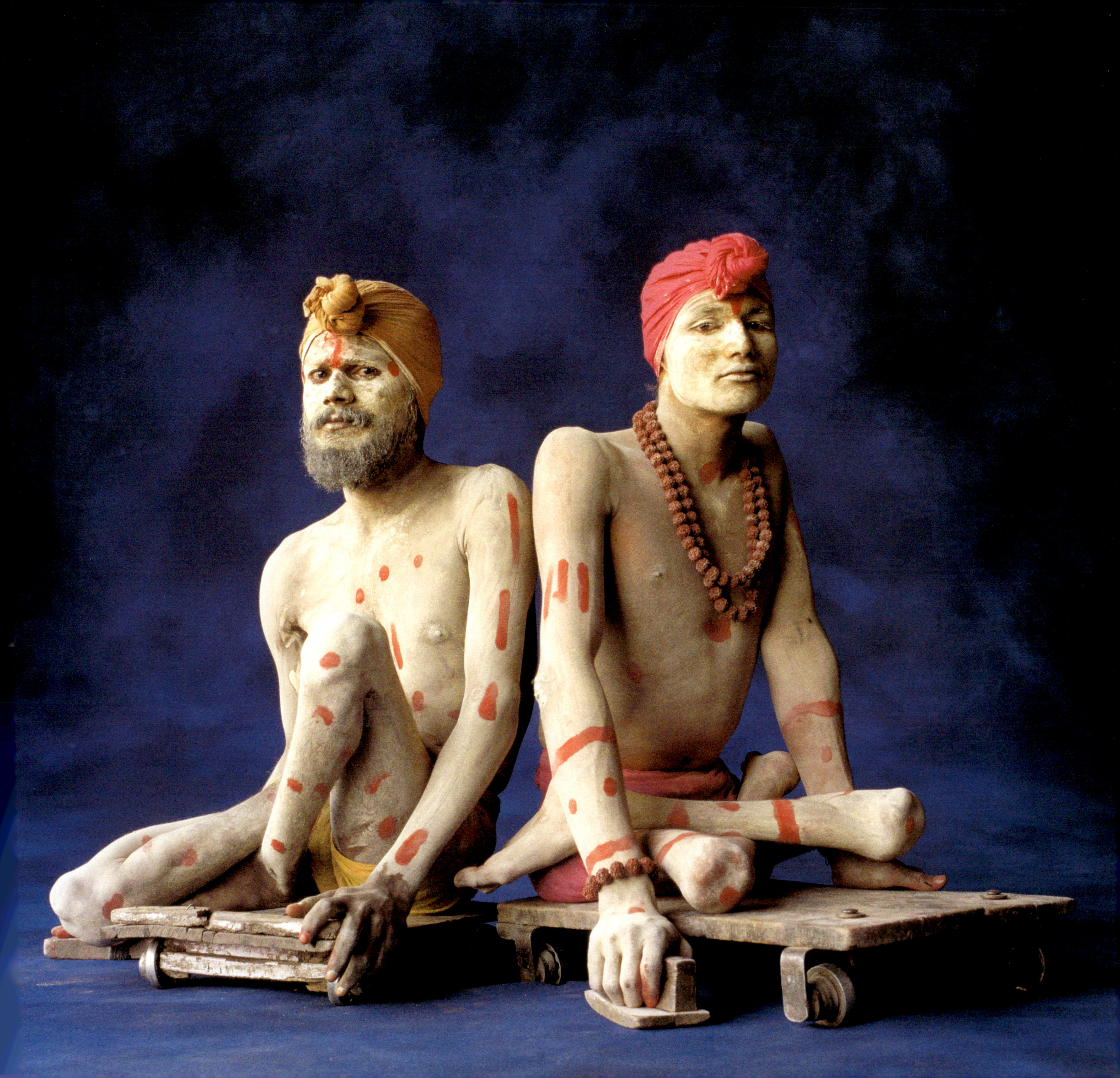

SONATH, 80,
SCHLANGENBESCHWÖRER,
SAVERA. PUSHKAR,
RAJASTHAN.

Sonath trägt seine Königskobras in zwei Beuteln auf den Schultern. Die meiste Zeit seines Lebens ist er als Schlangenbeschwörer kreuz und quer durch den Nordwesten Indiens gezogen. Irgendwo findet immer eine Mela statt, und wenn gerade kein Fest gefeiert wird, muss er einfach nur an einer Straßenecke seine Beutel öffnen, um Zuschauer zu finden.

MANGER, 60 (LINKS);
BARJO, 21 (RECHTS); UND
DESSEN SOHN RAMES, 3;
KAMELZÜCHTER UND
BAUERN, GUJAR. PUSHKAR,
RAJASTHAN.

Manger kam nach Pushkar, um sieben Kamele zu verkaufen. Barjo hat einen eigenen Bauernhof und ein Kamel. Vater und Sohn waren eineinhalb Tage auf ihrem hochrädrigen Karren zum 90 Kilometer entfernten Markt unterwegs.

SUKA, 30; UND BIMLA, 18;
RAJASTHANI.
PUSHKAR, RAJASTHAN.

Suka und Bimla verkaufen Futter an die Kamel- und Rinderhändler. Beide leben in Kaneida, einem Dorf nahe Pushkar. Die Mela ermöglicht ihnen einen Zusatzverdienst. Bei den 16 000 Kamelen, die einige Tage lang gefüttert werden müssen, ist die Nachfrage nach Viehfutter groß.

BHAWARLAL, 60,
KAMELHIRTE,
RAJASTHANI.
PUSHKAR, RAJASTHAN.

Wie alle Rajasthani-
Männer ist Bhawarlal stolz
auf seinen Oberlippen-
und Vollbart. Meist lassen
sich die älteren Männer im
ländlichen Rajasthan die
Bärte in ganz individueller
Form wachsen.

SANGO, 4, RABARI.
TUNDAWANDH, GUJARAT.

Sangos Mutter fertigte dieses aufwändig bestickte Hemd. Sein Vater Manda besitzt Kamele, und wenn Sango die fünfstufige Grundschule in Tundawandh abgeschlossen hat, wird er sehr wahrscheinlich ebenfalls Kamelhirte werden.

KAUBEN, 15, RABARI.
TUNDAWANDH, GUJARAT.

Im Gegensatz zu den Kindern der Rabari-Nomaden kann Kauben zur Schule gehen. Für die Kleinen in Tundawandh hat eine neue Ära begonnen. Ihre Väter sind Schaf- und Kamelhirten, während sich ihre Mütter ihren Lebensunterhalt mit Sticken verdienen. Die Älteren können weder lesen noch schreiben.

HIRAMBAI, 25;
UND DANETHA, 30;
HIRTENFRAUEN,
DHANETAH-JATH.
GANDHA, GUJARAT.

Hirambai und Danetha leben in den Marschen des Banni-Gebiets im nördlichen Gujarat, einer Region, die Rinder- und Büffelhaltern vorbehalten ist. Es ist eine Gegend voller Sumpflöcher. Um sich beim Grasen vor der stechenden Sonne zu schützen, müssen sich die Büffel vorher im Schlamm wälzen.

DANETHA, 30,
DHANETAH-JATH,
HIRTENFRAU.
GANDHA, GUJARAT.

Danetha ist eine muslimische Dhanetah-Jath. Die Jath sind ein armer Stamm, der Büffel züchtet. Die Frauen sind meist sehr scheu und lassen sich vor Fremden nicht blicken. Sie sind stolz auf ihren großen goldenen Nasenring, das einzige Wertvolle, das sie besitzen.

CHASSIBE, 30, RABARI. TUNDAWANDH, GUJARAT.

Chassibe verdient ihren Lebensunterhalt mit der
Herstellung erlesener Stickereien. Die Frauen sitzen
in kleinen Gruppen zusammen und plaudern
im Schatten einer Veranda, während sie Blusen
und Jacken besticken.

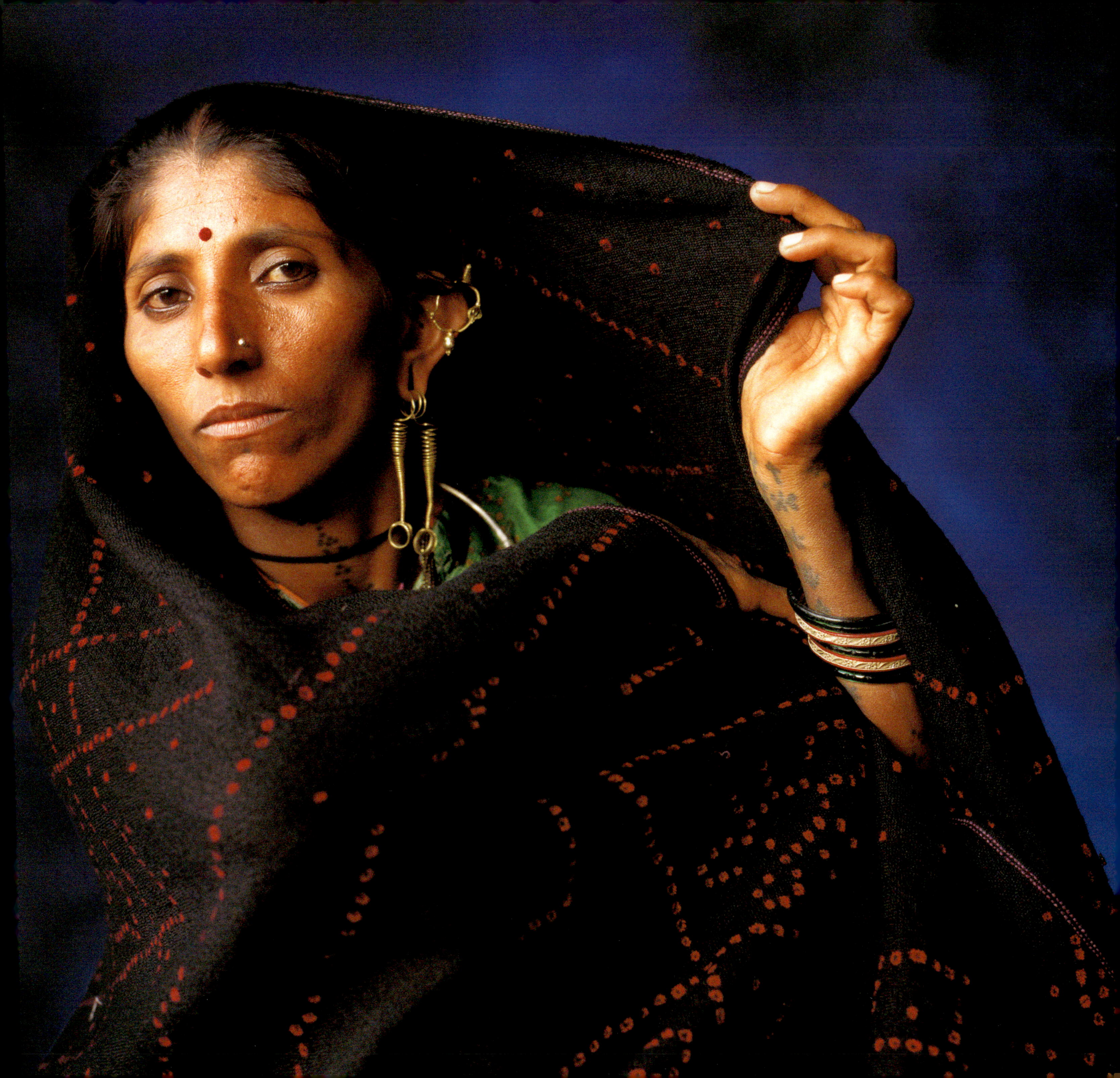

SAHE, 19 (LINKS);
IHRE TOCHTER BAHMU,
4; HABE, 19 (RECHTS);
DHEBARIA-RABARI.
GROSSER RANN VON
KACHCHH, GUJARAT.

Während die Männer draußen die Ziegen und Schafe hüten, halten die Dhebaria-Frauen das Lager in Ordnung. Sie legen zum Wasserholen weite Strecken zurück, kochen auf kleinen offenen Feuern, kümmern sich um die Kinder und weben und sticken.

HABE, 19,
DHEBARIA-RABARI.
GROSSER RANN VON
KACHCHH, GUJARAT.

Bei den nomadischen
Dhebaria-Rabari sind die
Männer weiß und die
Frauen schwarz gekleidet.
Schwarze Wolle gilt als
Abfall und lässt sich
schwer verkaufen, außer-
dem ist Schwarz die Farbe
der Trauer. Daher versehen
die Rabari-Frauen ihre
Kleider mit reichen und
farbenfrohen Stickereien.

**VON LINKS NACH RECHTS:
SAGEN, 55; HIRA, 60;
UND LAKA, 40;
KAMELZÜCHTER, RABARI.
TUNDAWANDH, GUJARAT.**

Sagen, Hira und Laka
sind sesshaft gewordene
Rabari-Kamelzüchter. Sie
sind Brüder und besitzen
zusammen 30 Kamele.
Sie leben in einfachen,
aber wunderschön aus-
gestatteten Rundhäusern.
Täglich verlassen sie
frühmorgens das Dorf und
kehren erst bei Sonnen-
untergang zurück.

MANDA, 32, RABARI.
TUNDAWANDH, GUJARAT.

Manda lebt im Dorf
Tundawandh, im Süden
von Bhuj, der Hauptstadt
der Region. Er begleitet
seine 30 Kamele täglich
auf die Weiden.
Seine Kinder besuchen
die Dorfschule. Ihr Leben
ist viel komfortabler als
das seiner nichtsesshaften
nomadischen Cousins.

BURA, 25, UND PALO, 25,
SCHAFZÜCHTER,
DHEBARIA-RABARI.
GROSSER RANN
VON KACHCHH, GUJARAT.

Bis auf die zwei Monate im Jahr, in denen es unablässig regnet und das Land überschwemmt und unpassierbar ist, sind die Dhebaria-Rabari dauernd auf Wanderschaft. Angesichts des Lebens am Rand einer Salzwüste sind ihre Ausdauer und ihr Durchhaltevermögen sprichwörtlich.

PALO, 25; UND SEINE
TOCHTER ROWO;
SCHAFZÜCHTER,
DHEBARIA-RABARI.
GROSSER RANN VON
KACHCHH.

Jeden Morgen, kurz nach
Sonnenaufgang, verlässt
Palo mit den anderen
Männern und ihren
Ziegen- und Schafherden
das Lager. Dann packen
die Frauen ihre Habselig-
keiten auf die Kamele
der Familie und ziehen
zum nächsten Lagerplatz,
wo bei Sonnenuntergang
die Männer und die
Herden wieder zu ihnen
stoßen werden.

RASSIA, 22, RAJASTHANI.
PUSHKAR, RAJASTHAN.

Rassia aus dem Dorf Naduara ist mit einem Bauern verheiratet. Sie und ihr Mann kommen jedes Jahr zur Pushkar-Mela. Sie ist überzeugt, dass sie durch eine *puja* (eine religiöse Zeremonie) während der Glück verheißenden Zeit des *Kartik Purnima* (Vollmonds) von ihren Sünden erlöst wird.

SAT NARAN GI, 56,
BRAHMANE.
PUSHKAR, RAJASTHAN.

Sat Naran Gi, ein hinduistischer Brahmanen-Priester, zelebriert fünfmal am Tag rituelle *pujas.* An den *ghats* (Treppen am Ufer) des Sarovar-Sees, dem heiligen See von Pushkar, versammeln sich dann die Pilger, um gesegnet zu werden. Die erste *puja* um vier Uhr morgens mit anschließendem Bad im heiligen Wasser des Sees dient der eigenen inneren und äußeren Reinigung.

HARPREET KAUR, 18, STUDENTIN, PUNJABI.
SIS GANJ SAHIB, ALT-DELHI.

Harpreet Kaur, eine junge Sikh-Frau, studiert Modedesign und würde gerne eines Tages nach Amerika auswandern. Sie ist mit ihren Eltern aus Ghaziabad gekommen, um im Sis Ganj Sahib, einem der bedeutendsten Tempel der Sikhs, zu beten.

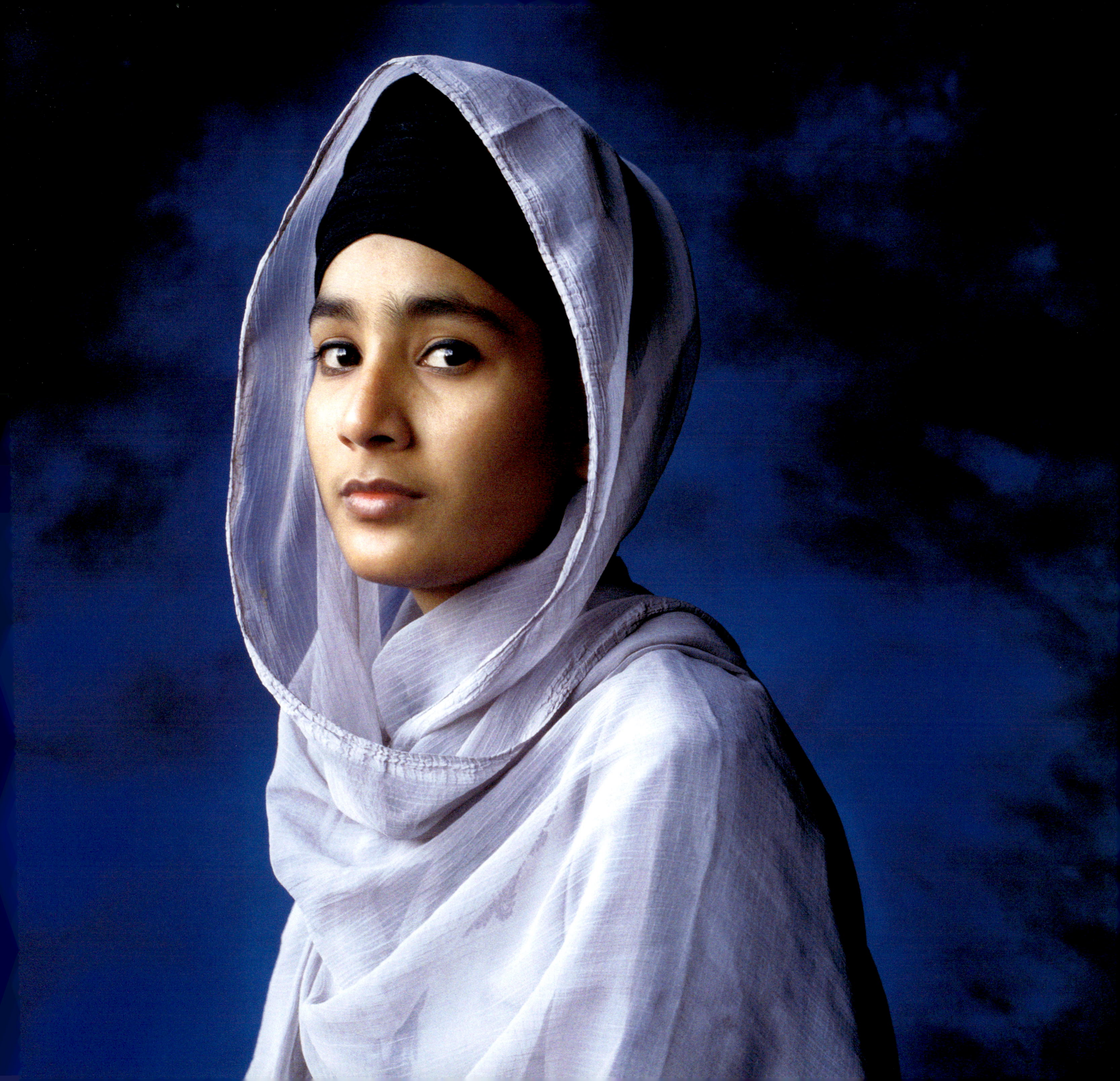

NARUNGEN SINGH, 50,
PUNJABI. SIS GANJ SAHIB,
ALT-DELHI.

Narungen Singh, ein
Sikh, war ehemals Bauer
im Punjab und ist jetzt ein
yakrawath (wandernder
heiliger Mann). Den
Lebensabend spirituellen
Praktiken zu widmen
ist üblich für die älteren
Menschen quer durch
die indischen Religionen.
Fünf Merkmale weisen
die Mitglieder der Sikh-
Religion aus: Sie schnei-
den sich nie die Haare,
führen immer einen
Kamm, einen Armreif
aus Stahl und ein *kirpan*
(Schwert) mit sich und
tragen die traditionellen
langen Unterhosen.

PARKA SINGH, 52, BAUER, PUNJABI. SIS GANJ SAHIB, ALT-DELHI.

Parka Singh, ein Sikh aus dem Punjab, kam in seiner besten Kleidung in den Tempel. Von jedem gläubigen Sikh wird erwartet, dass er den Sis Ganj Sahib besucht, wenn er in die Hauptstadt kommt.

U THEI THILA, 58,
ABT, BAMAR.
SAGAING, MYANMAR.

U Thei Thila ist Abt des
Kani-Klosters in Sagaing.
Er wird wegen seiner
tiefen religiösen Einsichten verehrt, kann aber
auch betörend witzig sein,
wenn er Fremde trifft.

DIE FRÜCHTE DER BERGE

BAUERN UND MÖNCHE IM GOLDENEN DREIECK

Das heutige Myanmar, das Birma der Vergangenheit, hat ein schreckliches Jahrhundert hinter sich. Nach den Erniedrigungen während der Kolonialzeit war Birma Schauplatz einiger der brutalsten Schlachten des Zweiten Weltkrieges. Wir im Westen haben vom Heldenmut und Leid der europäischen, amerikanischen, kanadischen und australischen Soldaten, die hier gekämpft haben, gelesen, aber kaum einer weiß etwas über den Kampf und das Leid der birmanischen Bevölkerung in jenen Jahren. Als das Land schließlich seine Unabhängigkeit erlangte, brachte diese statt Frieden und Demokratie einen Jahrzehnte dauernden Bürgerkrieg, und seit den 60er Jahren ist eine vom Militär kontrollierte Regierung an der Macht. Ein halbes Jahrhundert lang hatten die Menschen im Nordosten, vor allem die an der Grenze zu China, wenig oder gar keinen Kontakt mit der Außenwelt.

Birma mit seiner großen Vergangenheit war eine der »rückständigsten« Nationen Asiens geworden. Die vielen Widersprüche Birmas hatten Pfannis und meine Fantasie schon Anfang der 80er Jahre angeregt. Im Laufe der Zeit hatten wir den größten Teil des Landes bereist, mit Ausnahme der Regionen, die selbst für Regierungsbeamte unzugänglich waren. 1993 sahen wir schließlich Licht am Ende des Tunnels. Die Kommunistische Partei Birmas und ihre bewaffneten Einheiten hatten sich aufgelöst und die meisten anderen Rebellengruppen waren bereit, den Bürgerkrieg zu beenden. Als die Feindseligkeiten aufgehört hatten, waren wir die ersten Ausländer, die eine offizielle Erlaubnis erhielten, den Kachin-Staat zu besuchen.

Unser transportables Studio war fertig und passenderweise sollte im Januar 1994 das animistische Manao-Fest, das traditionelle Treffen der Kachin-Stämme, zum ersten Mal seit Jahrzehnten wieder stattfinden. Wäre alles so wie geplant gelaufen, hätten wir es verpasst. Es sollte am 10. Januar, dem Kachin-Staatsfeiertag, beginnen. An diesem Tag verhandelten wir immer noch vergeblich mit den Behörden in Yangon. Doch Glück kam im Unglück. Am 10., als das Fest hätte stattfinden sollen, wurde der Kachin-Staat von einem mittelschweren Erdbeben heimgesucht. Obwohl es keinen großen Schaden anrichtete, beschlossen die Kachin-Ältesten, die in dem Beben ein böses Omen sahen, das Fest auf den 21. Januar zu verschieben. So hatten wir in Yangon genügend Zeit, die Behörden von unserem Vorhaben zu überzeugen, nach Myitkyina zu fliegen und unsere ersten Aufnahmen in unserem transportablen Studio vorzubereiten.

Der Manao-Festplatz außerhalb von Myitkyina war für uns ein gutes Experimentierfeld. Wir lernten zu improvisieren – manchmal waren die Windböen so stark, dass sie das Studio weggeblasen hätten, hätten wir es nicht mit großen Bambusstangen gesichert und vorgesorgt, dass sich die Seitenbahnen mit einem Griff öffnen ließen. Dies waren lösbare, rein technische Probleme. Was wir während der Festtage erlebten, war einzigartig.

In Myanmar gibt es 135 verschiedene Volksgruppen oder Stämme, die jeweils ihre eigene Sprache oder ihren eigenen Dialekt sprechen. Die meisten leben im Goldenen Dreieck, ein Dutzend im Kachin-Staat. Einige von ihnen wohnen in so entlegenen Bergregionen an der chinesischen Grenze, dass sie schon seit den 30er Jahren keine Fremden mehr gesehen hatten, und selbst damals war nur wenig über ihren ursprünglichen Lebensstil bekannt. Alle diese Stämme entsandten ihre Vertreter zu dem Ereignis. Die Kachin-Stämme feierten ihre neue, beschränkte Autonomie nach Jahrzehnten des Krieges, der Unsicherheit und Ungewissheit. Zwei Tage lang hörten sie nicht auf, die Trommeln zu schlagen, und eine Gruppe nach der anderen sang ihr »Hora, hora«, während sie um große Totempfähle tanzten, die zur Erinnerung an die Bedeutung des Anlasses aufgestellt waren. Ein Tanz der Sioux in den 60er Jahren des 19. Jahrhunderts in den Badlands von South Dakota kann nicht viel anders ausgesehen haben.

Die Kachin-Ältesten hatten uns erlaubt, unser Studio in der Mitte des Festgeländes aufzustellen. Wegen seiner Form und Farbe und angesichts der Tausenden von Menschen, die es umlagerten, nannten wir unser Studio die »Ka'ba von Myitkyina«.

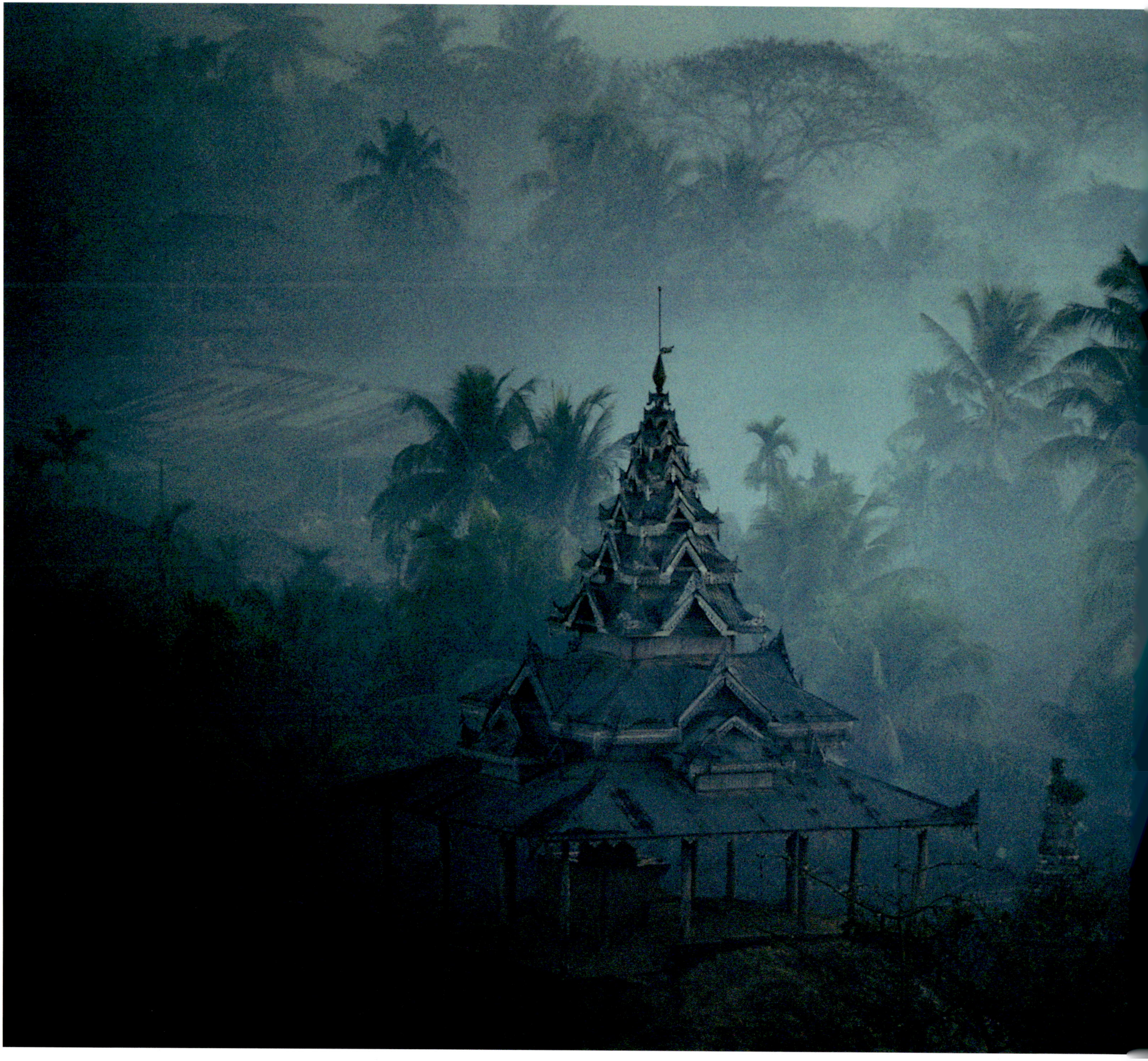

Viele Stämme waren vertreten: die Chingpaw, Lisu, Maru, Kaku, Lachik, Rawang und Zaiwa, und alle kamen in ihrer Festtracht. Da waren die zierlichen Lisu-Mädchen (Seite 127), der Rawang-Chef Hkan Jawhkin (Seite 104) und der Chingpaw-Tanzführer Nawlai (Seite 105), Gestalten aus einer Operette des wirklichen Lebens. Wenn man an die jüngere Geschichte der Kachin denkt, waren diese Menschen der sichtbare Beweis für das Durchhaltevermögen, die Unverwüstbarkeit, die es Menschen möglich macht, Härten und Entbehrungen zu überstehen. Wir waren von ihrem natürlichen Charme fasziniert – und wir romantisierten sie. Erst als wir vom Bann ihrer bezaubernden Erscheinungen befreit abfuhren, vermochten wir die Begegnung wieder aus einer sozialpolitischen Perspektive zu betrachten.

All diese Menschen, die wir auf dem Manao-Fest trafen, hätten wir in ihren Dörfern niemals erreicht. Zum Glück gelang es uns, unser Studio in wenigstens einem der Dörfer nahe des Zusammenflusses von Maika und Malika aufzustellen. Wo diese beiden Flüsse sich vereinen, beginnt der Irrawaddy (Ayeyarwady), das Lebensband, das die Nation zusammenhält. Eine der Frauen, die wir dort fotografierten, war Hkaung Nan, eine 120 Jahre alte Maru. Sie wusste nicht, wann sie geboren war, aber das Alter ihrer Schwester, die zehn Jahre jünger und kurz zuvor im Alter von 110 Jahren verstorben war, war offiziell dokumentiert. In dem Dorf gab es auffällig wenige erwachsene Männer. Später erfuhren wir, dass die meisten Männer wie Tausende anderer Kachin in den Minen von Hpakant arbeiteten, in der Hoffnung, auf der Suche nach Jade schnell reich zu werden.

Nach den verzaubernden Eindrücken während des Manao-Fests wurden wir schnell wieder von der Realität eingeholt. Wir waren nach Myitkyina geflogen, wollten jedoch entweder auf dem Fluss oder über Land zurückfahren. Aber davon wollten die Behörden nichts wissen: wir sollten genauso rasch und unbemerkt die Region wieder verlassen, wie wir sie betreten hatten. Wir weigerten uns und schließlich packten wir eines Morgens unsere Ausrüstung in einen alten, zerbeulten Toyota-Pickup, um über selten befahrene Pisten die 240 Kilometer lange Strecke nach Katha am Irrawaddy zu fahren. Trotz des Friedensabkommens, das der Kachin-Führer unterzeichnet hatte, waren in dem Gebiet immer noch Widerstandsfraktionen der KIA (Kachin Independence Army) aktiv. Das KIA-Territorium anonym, rasch und ohne bewaffnete Eskorte in einem alten Pickup zu durchqueren war wohl der sicherste Weg, aus dem Kachin-Staat herauszukommen. Die Idee war gut, und nach mehreren Pannen und einer 14-stündigen Fahrt erreichten wir schließlich spät abends Katha.

EIN KLOSTER IM MORGENNEBEL. MYANMAR.

Für die Rückreise belegten wir alle Erste-Klasse-Kabinen (1,50 $ pro Kajütenbett) auf der MS *Padone*, einem der langsamen Schiffe, die dreimal wöchentlich zwischen Katha und Mandalay verkehren. Diese heruntergekommenen Schiffe, die zum Teil schon 1948 in Dienst genommen wurden, sind die einzige Verkehrsverbindung am Flussoberlauf. Sie machen an jedem Dorf fest, weshalb sie für die Strecke zwei bis drei Tage brauchen – und genau das war es, was wir wollten. Leicht verändert konnten wir das Studio im Salon im Bug des Schiffes aufbauen. Da wir kontinuierlich Richtung Süden fuhren, hatten wir immer gleiche Lichtverhältnisse, und bei der Vielzahl multiethnischer Passagiere an Bord, die nicht wussten, wie sie sich die Zeit vertreiben sollten, bot sich uns eine ideale Auswahl an Menschen zum Fotografieren. Es war sicher das einzige schwimmende Studio, das jemals auf dem Irrawaddy unterwegs war, und selten war wohl die Reise auf einem Flussboot vergnüglicher gewesen.

Mandalay hieß uns wieder in der Zivilisation willkommen. Früher, als wir mit unseren 35-mm-Kameras fotografierten, hatte diese Stadt uns häufig als Stützpunkt gedient. Jetzt waren wir mit unseren größeren Kameras und dem transportablen Studio wieder hier, um das zu tun, wovon wir zehn Jahre zuvor geträumt hatten.

Die Hügellandschaft von Sagaing ist die zauberhafteste Gegend Myanmars. In diesen Tälern und Bergen, nicht weit von Mandalay auf der anderen Seite des Irrawaddy, gibt es 600 Klöster. Wir folgten alten Spuren, und bald stand unser Studio im Tadana Weima Sin Pyu Shin La, einem abgelegenen Nonnenkloster, in dem junge Frauen aus dem ganzen Land buddhistische Schriften studieren. Zu Nonnenklöstern haben Männer normalerweise keinen Zutritt, aber die *sayadiy* (Äbtissin) machte eine Ausnahme und gestattete uns, Fotos wie das von Ma Ega (Seite 131) zu machen – visuelle Dokumente eines Lebens nach einer mystischen Perspektive des Seins. Einige Tage danach erlebten wir das Gleiche, als wir unser Studio im größten Kloster Myanmars aufstellten, im Maha Ghanda. 1200 Mönche, meist junge Männer, leben dort in einer Atmosphäre froher Frömmigkeit. Sie packten zu und halfen, das Studio auf- und abzubauen. Hier konnten wir unsere Ausrüstung ruhig über Nacht auf dem Gelände stehen lassen, ohne fürchten zu müssen, dass man etwas stiehlt. Im Kloster begegneten wir einigen herausragenden *pongyis* (Mönchen) und *sayadaws* (älteren, weisen Mönchen) und fotografieren sie. Am eindrucksvollsten waren U Gusala (Seite 135), der stundenlang dasitzen konnte, völlig bewegungslos und ohne seinen Gesichtsausdruck zu ändern, und Ashin U Kosala (Seite 132), der uns an die inspirierendsten Bilder Buddhas erinnerte.

Da das Studio unter hohen Bäumen aufgestellt war, hatten wir ein anderes Licht. Wir mussten mit viel längeren Belichtungszeiten arbeiten, doch mit den *pongyis*, die es gewohnt waren, in stundenlanger Kontemplation völlig regungslos zu sitzen, war das kein Problem.

Bevor wir Myanmar verließen, fuhren wir weiter Richtung Norden nach Natkhayain, zu einem unspektakulären, aber typischen Bauerndorf. Genau was wir suchten. Es war Erntezeit, der ideale Zeitpunkt und Ort, um birmanische Bauern in ihrem Alltag zu fotografieren. Bauern stellen in Myanmar die Mehrheit der Bevölkerung, sie leben nach einem Jahrhunderte erprobten System. Für sie könnte die Junta in Yangon genauso gut auf einem anderen Planeten walten, wäre da nicht der vorgeschriebene Abnahmepreis für ihr Erntegut. Aber auch damit leben sie schon seit langer Zeit.

Fotografien wie die von Maung Hla und Maung Minay (Seite 119) oder Ma Aye Ngwe (Seite 118) offenbaren die Stärke dieser Menschen. Auch ihre Vorfahren sind, wie die Stämme weiter nördlich, irgendwann einmal in das fruchtbare Irrawaddytal eingewandert. Ihre Kultur, die Art, wie sie mit der Natur in ständiger Wechselbeziehung stehen, und ihre metaphysischen Bedürfnisse sind in einem harmonischen Gleichgewicht. Wenn man ihnen zusieht, wie sie ihren täglichen Verrichtungen nachgehen, wird auch die unveränderbare Grundlage menschlicher Existenz fassbar.

Uns war klar, dass wir zurückkommen mussten, und im Januar 1995 waren wir erneut im Norden. Dieses Mal begannen wir in den Shan-Bergen, wo wir die Lisu und Palaung in Pain Pyit, einem Dorf im Norden von Mogok, fotografierten. Die Bewohner ähnelten den Besuchern, die wir im Jahr zuvor beim Manao-Fest in Myitkyina gesehen hatten. Jetzt fotografierten wir sie in ihrer gewohnten Umgebung. Obwohl die Lisu Christen und die Palaung Buddhisten sind, bestand zwischen ihnen ein gegenseitiges Vertrauen. Saw Po Sha, unser unersetzlicher Verbindungsmann und Übersetzer bei diesen Reisen in Myanmar, ein tief gläubiger christlicher Kare, half uns, die Situation durch sein Beispiel zu verstehen. Die Junta verfolgt sein Volk, aber er hegte keinen Groll gegen sie. In wahrem, christlichem Geist war er verzeihend und positiv, und das waren auch die meisten Buddhisten, mit denen wir sprachen. Unserer Ansicht nach ist das Problem in Myanmar nicht die Uneinsichtigkeit der Menschen; sie sind, wie die Palaung und die Lisu von Pain Pyit, in der Lage, Widersprüche gewaltlos zu lösen. Mit ihren Religionen verfügen sie über Mittel, die den politisch-militärischen weit überlegen sind.

In Mogok, der größten Rubinenmine der Welt, war die Situation anders. Hier sorgen die lokalen Statthalter der Regierung in Yangon für Spannungen, was auf einigen Fotos von Bergarbeitern (Seite 115) und Rubinenhändlern deutlich zu erkennen ist, deren Leben, verglichen mit dem der Bauern, schon fremdbestimmt ist. Die Fotos, die wir in Mogok machten, sind unsere einzigen, die Menschen einer halbindustrialisierten Gesellschaft zeigen.

Wir überquerten den Irrawaddy auf einer Fähre und fuhren weiter nach Moksobo in das Kernland der Birmanen. Wie in Natkhayain im Jahr zuvor, bauten wir das Studio zur Haupterntezeit auf einem Dreschplatz auf. Wir suchten weiter nach der Einfachheit des Seins, nach der natürlichen Fröhlichkeit – Lebensäußerungen, wie sie in einer bäuerlichen Gesellschaft während der Erntezeit durchbrechen und die im täglichen Stress unter den Zwängen einer Industriegesellschaft schnell schwinden; Daw Mya Aye und Daw The Tin (Seite 112) schienen sie zu verkörpern, ebenso Moe Kaing (Seite 113) und U Tun Shaw (Seite 116).

Die Reise quer durch den Norden der Provinz Sagaing war ein staubiges Unterfangen, aber ein Erlebnis, das wir nicht hätten missen wollen. Wir mussten noch zwei weitere Flüsse, den Mu und den Chindwin, auf fragilen Fähren überqueren, um unser letztes Ziel im Norden zu erreichen, die Chin-Berge. Wie die Lisu und viele Kachin sind auch die Chin mehrheitlich Christen. Sie sind vielleicht der abgeschiedenste Grenzstamm Myanmars. Ihr Land ist von unbekannter, spektakulärer Schönheit. Sie leben eine Etage unter dem Firmament, oder, wie sie sagen, einen Schritt vom Himmel entfernt.

Der Weg zurück in die Zivilisation führte uns ein weiteres Mal in das Tal von Sagaing zum Kani-Kloster, wo wir eine Shin-Pyu-Zeremonie, eine Initiation für kleine Jungen, miterlebten.

Wir hatten den Norden Myanmars dokumentiert, doch einige Stämme, die östlich des Salweens leben, konnten wir von Myanmar aus nicht erreichen. Unsere nächste Fotoexpedition führte uns deshalb in die Berge Nordthailands. Vier Wochen lang nutzten wir jedes verfügbare Transportmittel, um in Dörfer der Weißen und Roten Karen, der Akha, Yao, Mizu, Padaung, Palaung und Lahu zu gelangen. Mittlerweile wussten wir besser auf die Menschen zuzugehen, die wir fotografieren wollten. Gute Fotos hängen von dem Vertrauen ab, das die fotografierten Menschen zum Fotografen haben. Oft waren wir tagelang mit den Menschen zusammen, ohne von ihnen Aufnahmen zu machen, und wir taten das erst, wenn dieses Gefühl gegenseitiger Achtung und Akzeptanz da war. Alle unsere Fotos sind im Gefühl dieses Vertrauens entstanden.

In Nordthailand war Khun Thawach, oder wie er lieber genannt wird, Khun Ti, unser einheimischer Kontaktmann. Er organisierte die Elefanten, die uns zu den Weißen Karen brachten, die Maultiere, die unsere Ausrüstung zu den Akha schafften, er besorgte die Langboote, mit denen wir zu den »Giraffen-Frauen« fuhren. Wenn es nicht anders ging, heuerte er lokale Träger an. Ohne seine Hilfe hätten wir manches abgelegene Dorf nie erreicht.

Jahrhunderte lang waren die Stämme des Goldenen Dreiecks auf Wanderschaft – auf einer langsamen Wanderung, bei der jede Generation immer ein Stück weiter nach Süden gelangte. Nun ist diese Wanderung abrupt zum Stillstand gekommen. Damit bricht das Firmament, das ihre Welt überspannte, über ihnen zusammen und begräbt ihre Identität und ihren ursprünglichen Lebensstil für immer unter sich.

Die meisten Stämme, die wir aufsuchten, waren erst im Laufe des letzten Jahrhunderts in den Norden Thailands eingewandert. Sie verstehen sich nicht als Staatsangehörige, weder von Myanmar noch von Thailand. Sie sind die letzten Angehörigen einer Kultur, die auf Generationen dauernden Wanderungen allmählich die Erde besiedelten, die sich allein ihrem Clan und ihren Geistern gegenüber verantwortlich fühlen. Viele von ihnen leben vom Mohnanbau; ihre Existenz ist durch das ausufernde Drogenproblem im Westen in das globale Bewusstsein gedrungen.

In nicht allzu ferner Zukunft wird all dies zum Stillstand kommen. Sobald Allradfahrzeuge und Motorräder ihre Dörfer erreichen, wird die jüngere Generation in der jeweiligen nationalen Kultur aufgehen. Das Stammesleben wird enden und nur die Älteren werden noch in den abgelegenen Bergdörfern bleiben.

In Thailand passiert dies bereits und dort sahen wir, was bald auch mit den Menschen im Norden Myanmars geschehen wird. Noch berufen sie sich auf ein Kulturverständnis, das aus einer im Bewusstsein der Menschen verblassten Vergangenheit im prähistorischen China stammt. Für sie sind die Geister, die in den Bäumen, Flüssen und auf den Hügeln wohnen, das Bindeglied zwischen dem Bekannten und dem Unbekannten, zwischen Himmel und Erde. Eine Realität, die mit ihnen aus der Erlebniswelt der Menschen verschwinden wird.

NI HLIR CIN, 16,
STUDENTIN, ZAHAN CHIN.
TLAU HUMUM, MYANMAR.

Für den wöchentlichen Markttag trägt Ni Hlir Cin ihre besten Kleider. Zusammen mit ihrer Mutter kam sie zu Fuß von ihrem drei Stunden entfernten Dorf in die Regionalhauptstadt.

VIER LISU-STUDENTINNEN.
MOGOK, MYANMAR.

An den Markttagen kommen die Lisu in großer Zahl aus ihren Bergdörfern nach Mogok. Die Markttage sind ein bedeutendes gesellschaftliches Ereignis, eine Zeit, um zu sehen und gesehen zu werden.

HKAN JAWHKIN, 65,
HÄUPTLING, RAWANG.
MYITKYINA, MYANMAR.

Hkan Jawhkin ist der
Häuptling seines Rawang-
Dorfs im nördlichen
Kachin-Staat.
Er kam zum Manao-Fest
im vollen Ornat eines
animistischen Toten-
beschwörers. Sein Hut ist
mit Wildschweinhauern
verziert.

NAWLAI, 41, VORTÄNZER, CHINGPAW. MYITKYINA, MYANMAR.

Nawlai gehört dem zahlenmäßig größten Kachin-Stamm an. In den zwei Tagen, an denen unablässig getanzt und gesungen wurde, war er der Vortänzer. Die Kachin-Stämme feierten seit mehr als 30 Jahren zum ersten Mal gemeinsam das Manao-Fest, das wegen des herrschenden Kriegsrechts verboten war.

MA KETHEWG KAING, 12,
SCHÜLERIN, BAMAR.
NATKHAYAIN, MYANMAR.

Mit ihren zwölf Jahren trägt Ma Kethewg Kaing bereits zum Familieneinkommen bei. Sie war auf dem Weg zur nächsten Stadt, um dort Gemüse aus dem kleinen Garten der Familie zu verkaufen.

TIN TUN, 31, FOTOGRAF, BAMAR. SAGAING, MYANMAR.

Tin Tun hat ein Fotostudio in Sagaing. Er fotografierte eine buddhistische Initiationszeremonie und trug zu diesem Anlass die traditionelle birmanische Kopfbedeckung, den *gaung baung*, den man heute nur noch selten in der Öffentlichkeit sieht.

BYAR SAR, 20, LISU.
PAIN PYIT, MYANMAR.

Byar Sar lebt noch bei seiner Familie. Man hatte einen Ochsen geschlachtet, und er brachte Fleisch zum Haus eines Nachbarn. Die meisten Lisu sind Christen und kennen, im Gegensatz zu ihren buddhistischen Nachbarn, kein Schlachtverbot.

LUM ZE, 38, MARU.
MYITKYINA, MYANMAR.

Lum Ze kommt aus
dem hintersten Nordosten
von Myanmar. Die Maru
führen in ihren Berg-
dörfern ein autarkes und
isoliertes Leben.
Ein Besuch in Myitkyina
konfrontiert sie mit einem
Lebensstil, der außerhalb
ihrer Erfahrungswelt liegt.

IHRE KULTUR, DIE ART, WIE SIE MIT DER
NATUR IN STÄNDIGER WECHSELBEZIEHUNG STEHEN,
UND IHRE METAPHYSISCHEN BEDÜRFNISSE SIND IN EINEM
HARMONISCHEN GLEICHGEWICHT. WENN MAN IHNEN
ZUSIEHT, WIE SIE IHREN TÄGLICHEN VERRICHTUNGEN
NACHGEHEN, WIRD AUCH DIE UNVERÄNDERBARE
GRUNDLAGE MENSCHLICHER EXISTENZ FASSBAR.

VON LINKS NACH RECHTS:
MA YIN NEW, 16; MA NWAY MOE, 14;
NI KARAY, 16; UND MA NYUNT YEE, 16;
BAMAR. MOKSOBO, MYANMAR.

Ma Yin New, Ma Nway Moe, Ni Karay und Ma Nyunt Yee tragen den Reis vom Dreschplatz zum Dorfspeicher. Moksobo in der Provinz Sagaing (aus der die letzte Dynastie des birmanischen Königshauses stammte) gilt als geschichtlicher Ursprungsort der Bamar (dem Volksstamm der Birmanen).

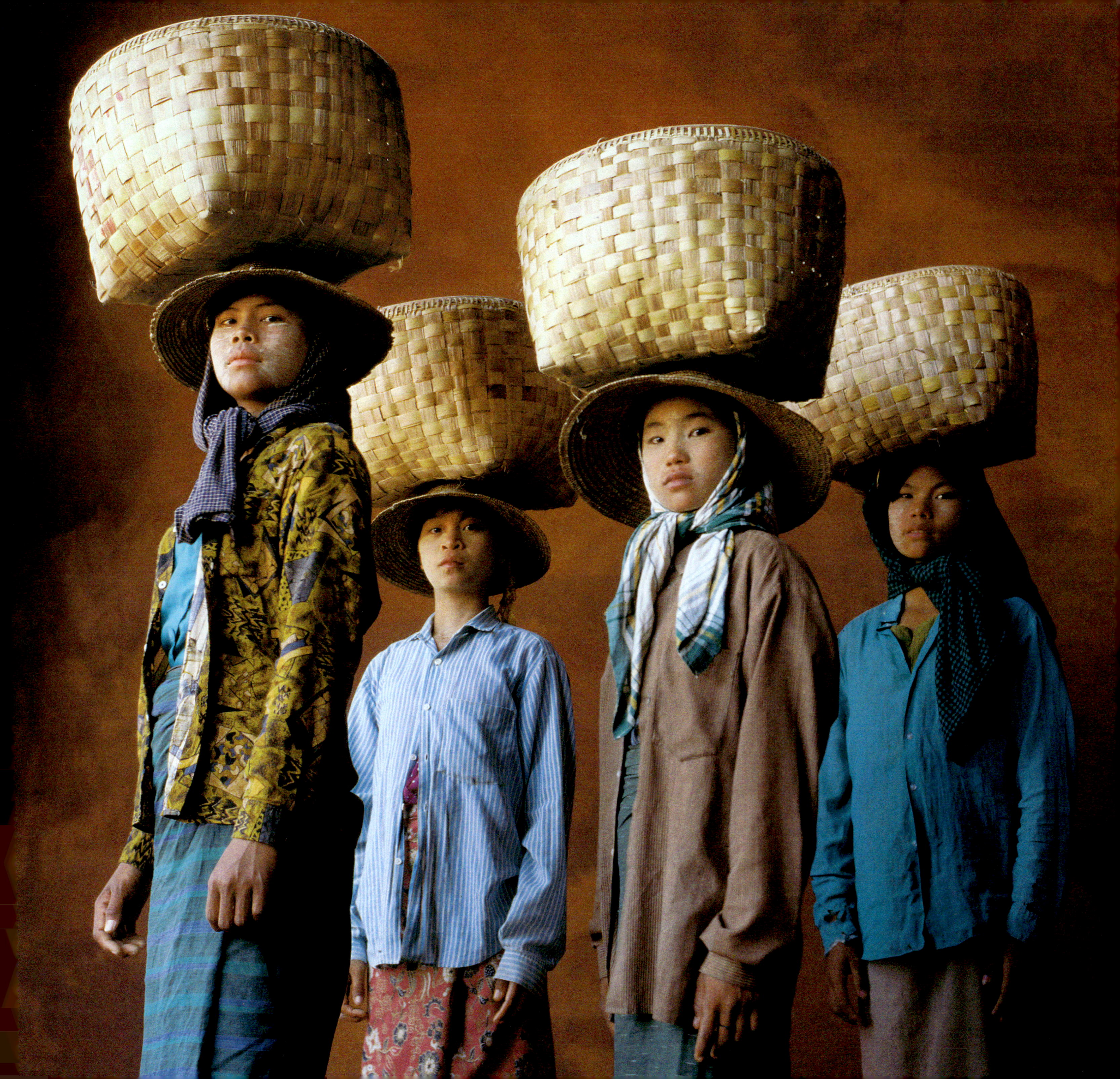

DAW MYA AYE, 50;
UND DAW THE TIN, 50;
BAMAR.
NATKHAYAIN, MYANMAR.

Daw Mya Aye und Daw The Tin tragen die traditionelle Kleidung der Frauen in der Provinz Sagaing: weiße Blusen und einen *longyi* (Wickelrock), der von Männern wie Frauen getragen, aber in der Taille unterschiedlich gebunden wird. Wenn sie aufs Feld gehen, tragen sie ihre Habseligkeiten in Bündeln auf dem Kopf. Die *cheroot,* die birmanische Zigarre, ist bei Männern wie Frauen gleichermaßen beliebt.

RECHTS: MOE KAING, 16, STUDENTIN, BAMAR.
MOKSOBO, MYANMAR.

In der Erntezeit im Januar helfen die Studenten ihren Eltern beim Abernten der Reisfelder, die die Provinz Sagaing in ein einziges goldfarbenes Feld verwandeln. Moe Kaing trägt hier den Korb, in dem sie den Reis zum Worfelplatz brachte, wo ihre Schwester die Spreu von den Körnern trennt.

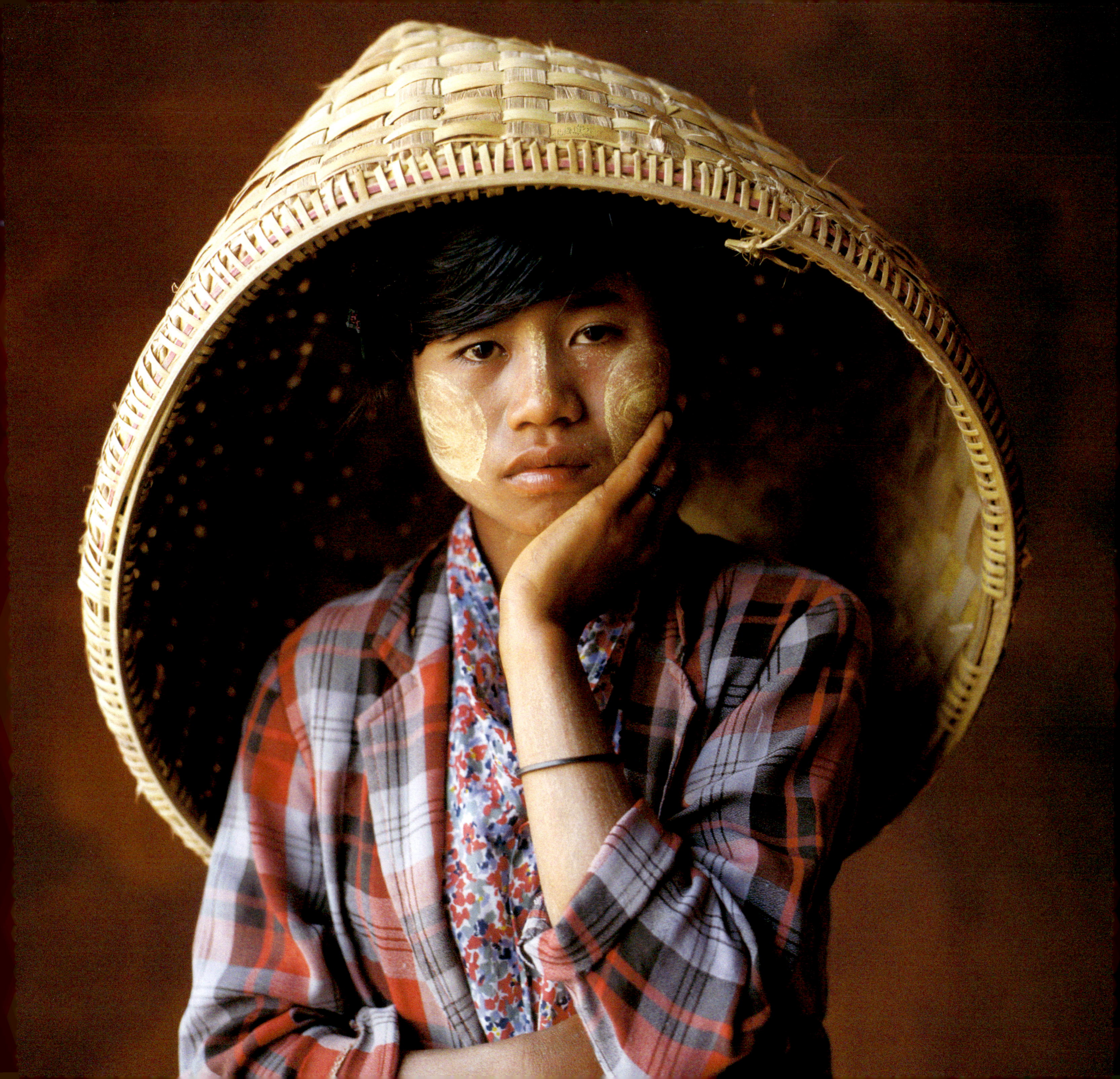

MA TINTIN AYE, 21,
BAMAR. NATKHAYAIN,
MYANMAR.

Ma Tintin Aye hatte seit
dem Morgen die Spreu
vom Reis getrennt und war
nach dem Erntetag auf
dem Heimweg. Sie sang
und verspottete die jungen
Männer, die den Ochsen-
karren lenkten, der sie
nach Hause brachte.

VON LINKS NACH RECHTS:
AUNG WIN, 21; MYANAING, 25; UND JO LIN, 17; RUBINWÄSCHER, BAMAR. MOGOK, MYANMAR.

Aung Win, Myanaing und Jo Lin arbeiten zwölf Stunden am Tag. Sie waschen Erde in den Gruben, die einflussreichen Rubinbaronen gehören. In ihrer Freizeit suchen sie auf eigene Faust in den kleinen Flüssen der Umgebung nach Rubinen und hoffen auf einen großen Fund zwischen den winzigen Edelsteinsplittern, die es reichlich im Wasser gibt.

115

U TUN SHAW, 56,
BAUER, BAMAR.
NATKHAYAIN, MYANMAR.

U Tun Shaw ist ein Bauer aus dem Dorf Natkhayain in der Provinz Sagaing, im Norden des Irrawaddybogens. Er trägt einen *longyi* (Wickelrock) und raucht die sprichwörtliche »whickin' white cheroot«.

MA NADUSA, 7;
UND MA PUSEWIN, 8;
SCHÜLERINNEN, BAMAR.
NATKHAYAIN, MYANMAR.

Ma Nadusa und Ma Pusewin sind Schülerinnen aus dem kleinen Bauerndorf Natkhayain in der Provinz Sagaing. Zu ihren Pflichten gehört es, sich um die jüngeren Brüder und Schwestern zu kümmern, während die Eltern auf den Feldern arbeiten.

117

MA AYE NGWE, 22, BAMAR.
NATKHAYAIN, MYANMAR.

Ma Aye Ngwe strahlt die Lebensfreude dieses bodenständigen Bauernvolks aus. Die meisten Menschen in Myanmar leben in ländlichen Gebieten und verdienen ihren Lebensunterhalt mit dem Reisanbau.

MAUNG HLA, 30;
UND MAUNG MINAY, 21;
OCHSENKARRENFAHRER,
BAMAR. NATKHAYAIN,
MYANMAR.

Maung Hla und Maung Minay ziehen das Beladen und Fahren der Ochsenkarren der kreuzbrechenden Arbeit in den Reisfeldern vor.

MA PAW NYEIN, 17;
UND MA OHNMAR, 17;
BAUARBEITERINNEN,
BAMAR. SAGAING,
MYANMAR.

Ma Paw Nyein und Ma Ohnmar trugen Ziegelsteine zu einem Bauplatz in Sagaing. Wie in anderen südostasiatischen Ländern teilen sich auch in Myanmar Frauen und Männer körperlich anstrengende Arbeiten. Thanaka, die gelbe Gesichtspaste, verschönt das Gesicht und schützt die Haut vor der Sonne. Blasse Gesichter gelten als schön.

RECHTS: NATAMI, 45, LISU. PAIN PYIT, MYANMAR.

Natami ist mit einem Lisu-Bauern verheiratet. Sie kehrte gerade vom Brennholzsammeln nach Hause zurück. Da die Berge im Osten Mogoks schon zum größten Teil abgeholzt sind, ist das Holzsammeln oft mit tagelangen Fußmärschen verbunden.

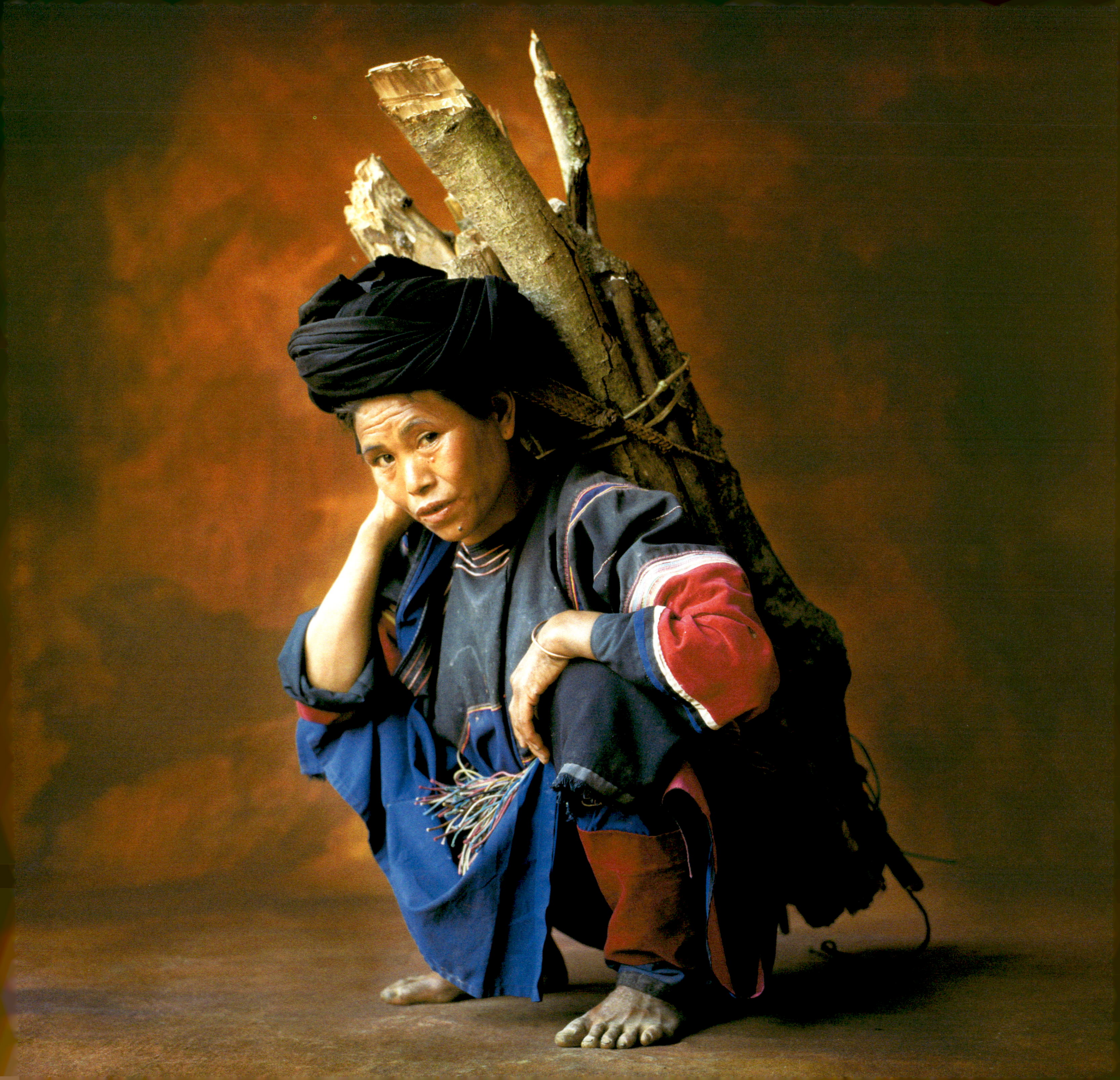

IL TUN SHIN, 56,
BAUER, BAMAR.
SAGAING, MYANMAR.

Il Tun Shin ist ein Bauer aus einem Dorf, nicht weit von Sagaing. Er trägt ein Handtuch, das er nach Art eines *gaung baung* um den Kopf gewickelt hat. Material und Stil dieser Kopfbedeckung unterschied die verschiedenen Klassen im ehemaligen Königreich von Ava.

HMUNKITKAI, 43,
MIT IHREM BABY
LALDUHMUAI, SIN CHIN.
FALAM, MYANMAR.

Hmunkitkai und ihr Baby Lalduhmuai sind Sin Chin, die hoch oben in den Chin-Bergen an der Grenze zum indischen Bundesstaat Manipur leben. In den letzten Jahrzehnten waren die Chin-Berge für Ausländer unzugänglich. Die Sin Chin haben mit der Welt am Fuß der Berge kaum Kontakt. Sie sind tief religiöse Baptisten in einem Land, das zu über 80 Prozent buddhistisch ist und in dem es große Spannungen zwischen den Religionen gibt.

AYE KO, 27, TRISHAW-
FAHRER, BAMAR.
SAGAING, MYANMAR.

Aye Ko verdient seinen
Lebensunterhalt damit,
dass er Ansagen durch die
Stadt fährt. Sein Trishaw
(Dreirad) ist mit einem
uralten Lautsprecher und
einem billigen Tonband-
gerät ausgestattet.

TUN U, 22,
STRASSENVERKÄUFER,
BAMAR. MYITKYINA,
MYANMAR.

Tun U verkauft Luftballons und Kinderspielzeug auf dem Markt in Myitkyina. Besonders gut gehen seine Geschäfte im Januar während des Manao-Fests, das Tausende Kachin aus den Bergen an der chinesischen Grenze anzieht. Bei ihrer Rückkehr bringen sie ihren Kindern billige Spielsachen mit.

MYINT MYINT THAN, 9 (LINKS); UND AYE AYE SUNG, 7 (RECHTS); SCHULKINDER, BAMAR. SAGAING, MYANMAR.

Myint Myint Than und Aye Aye Sung sind als *devas* (Götter) oder *nats* (Geister) eingekleidet. Nach der Mythologie Myanmars gibt es 30 Stufen unter und über der Stufe der Menschen; jene über unserer Welt werden von *devas* und *nats* bewohnt.

SI MI, 20; UND
LASHOWLAY, 19; LISU.
MYITKYINA, MYANMAR.

Si Mi und Lashowlay
kamen zum alljährlichen
animistischen Manao-Fest
in ihrer farbenprächtigsten
Kleidung und um zu zeigen, dass sie unverheiratet
sind. Das Manao-Fest
zieht viele junge Frauen
und Männer an, es ist auch
ein wichtiger Heiratsmarkt.

MABAI, 25, PADAUNG.
HUAY PU KANG, THAILAND.

Mabai gehört zur letzten Generation
der echten »Giraffen-Frauen«,
auch wenn man noch immer fünfjährige
Mädchen sieht, die bereits ihre ersten
Messingringe tragen.

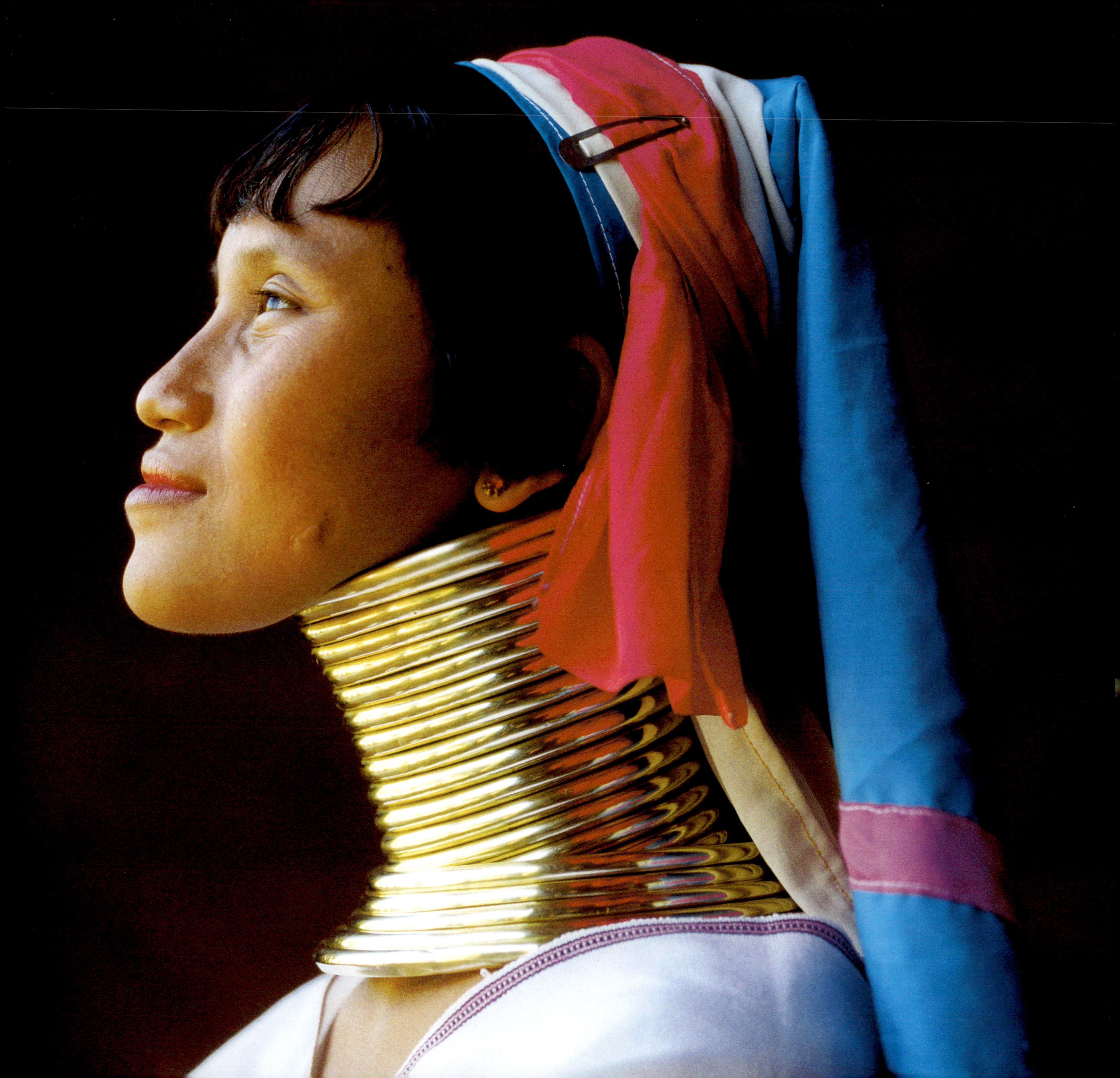

VON LINKS NACH RECHTS:
MA KUTAMA, 30;
MA NANTHA THIRI, 17;
MA SAWANA, 26; UND
MA KELADI, 9 (MITTE);
BUDDHISTISCHE NONNEN.
SAGAING, MYANMAR.

Ma Kutama, Ma Nantha Thiri, Ma Sawana und Ma Keladi sind Nonnen in einem kleinen Nonnenkloster, das im Schatten riesiger Bäume am Hang des Sagaing-Tales liegt. Die kleine Ma Keladi kommt aus einer großen Familie und wurde im Alter von sechs Jahren ins Kloster gebracht.

MA EGA, 33, NONNE,
KAYIN. SAGAING,
MYANMAR.

Ma Ega ist eine buddhistische Nonne aus dem Karen-Stamm. Die religiösen Gebräuche schreiben vor, dass Mönche wie Nonnen sich die Köpfe rasieren. Nonnen brauchen aber nicht alle 227 Klosterregeln einhalten, die *pongyis* (Mönche) befolgen müssen.

ASHIN U KOSALA, 22,
MÖNCH. AMARAPURA,
MYANMAR.

Ashin U Kosala studiert die buddhistischen Schriften im Maha-Ghanda-Kloster in Amarapura. Er ist gerade voll ordinierter Mönch geworden und will den Rest seines Lebens in der *sangha* (Mönchsgemeinschaft) verbringen.

VON LINKS NACH RECHTS:
IL WANNA THIRI, 25;
SHIN YEWARAT, 18;
UND U KWA THAN HLA,
27; MÖNCHE, BAMAR.
SAGAING, MYANMAR.

Fast jeder junge buddhistische Mann in Myanmar verbringt eine gewisse Zeit im Kloster. Die Initiation kann in jedem Alter, soll aber möglichst während der Regenzeit stattfinden.

U GUSALA, 67, MÖNCH, BAMAR.
AMARAPURA, MYANMAR.

U Gusala wurde vor 30 Jahren Mönch.
Seither hat er seine wachen Stunden
zumeist in Meditation verbracht.
Er steht um vier Uhr morgens auf und
nimmt die letzte Mahlzeit des Tages vor
Mittag zu sich. Während er fotografiert
wurde, verharrte er fast zwei Stunden
lang ohne die geringste Regung in
derselben Haltung.

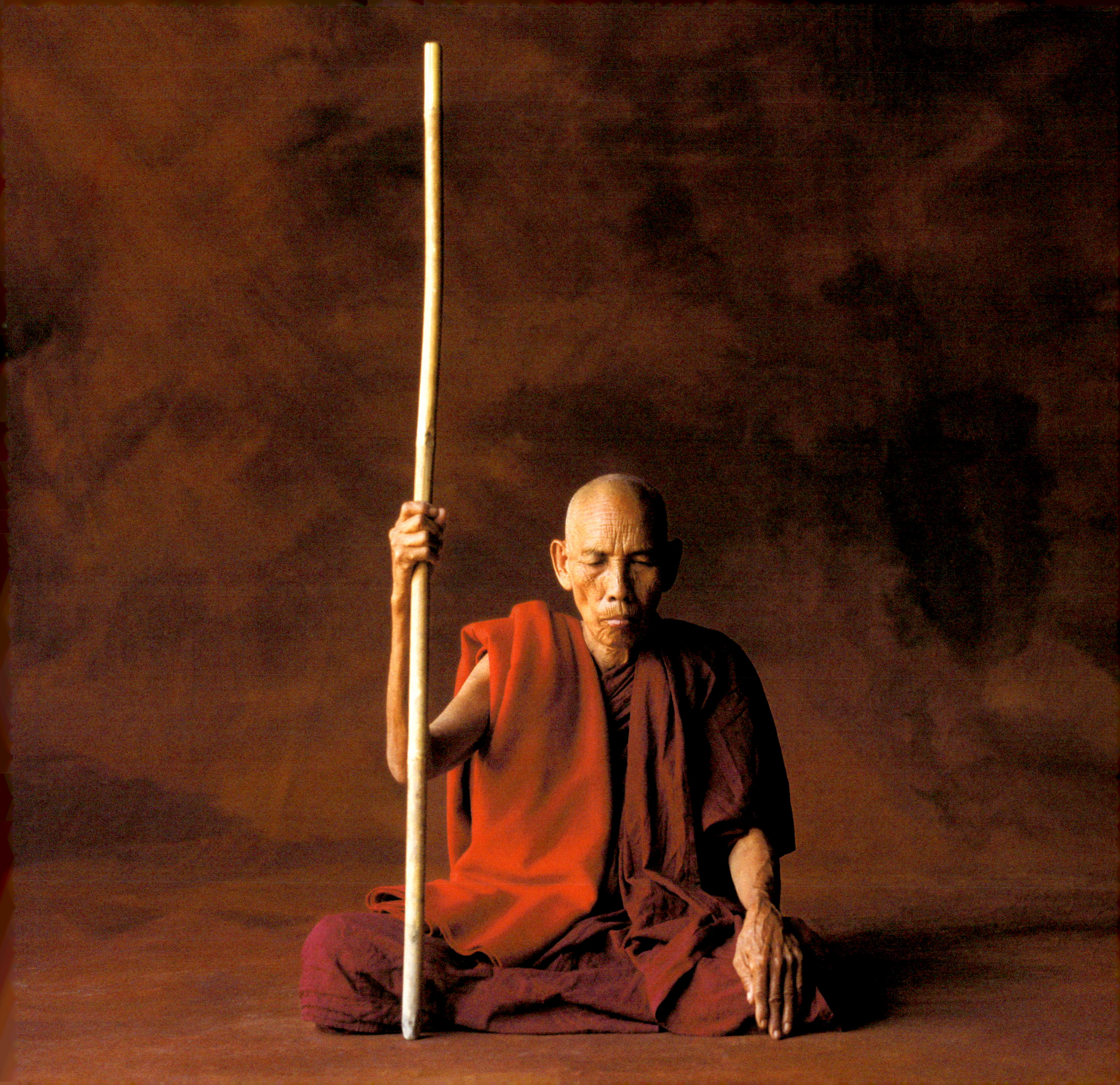

NAUE, 18; UND NAKA, 17;
LAHU. JABO, THAILAND.

Naue und Naka tragen zwar noch die Nationaltracht, doch diese Tradition wird wahrscheinlich das im letzten Jahrzehnt stark beschleunigte Vordringen der modernen Welt nicht überdauern. Nun besuchen Touristen ihr Dorf und industriell gefertigte Güter verdrängen langsam jene, die früher die Menschen ihrer Gemeinde selbst von Hand fertigten.

OEJE, 80, WEISSER KARE.
BAN HUEY KAW,
THAILAND.

Oeje ist ein Weißer Kare und lebt in Thailand nicht weit von der Grenze zu Myanmar. Das Heimatgebiet der Karen liegt in den Bergen zu beiden Seiten der Grenze. Die Tätowierungen auf seinen Armen sind nicht nur Verzierungen, sondern sollen dem Träger auch besondere Kräfte verleihen und böse Geister fern halten.

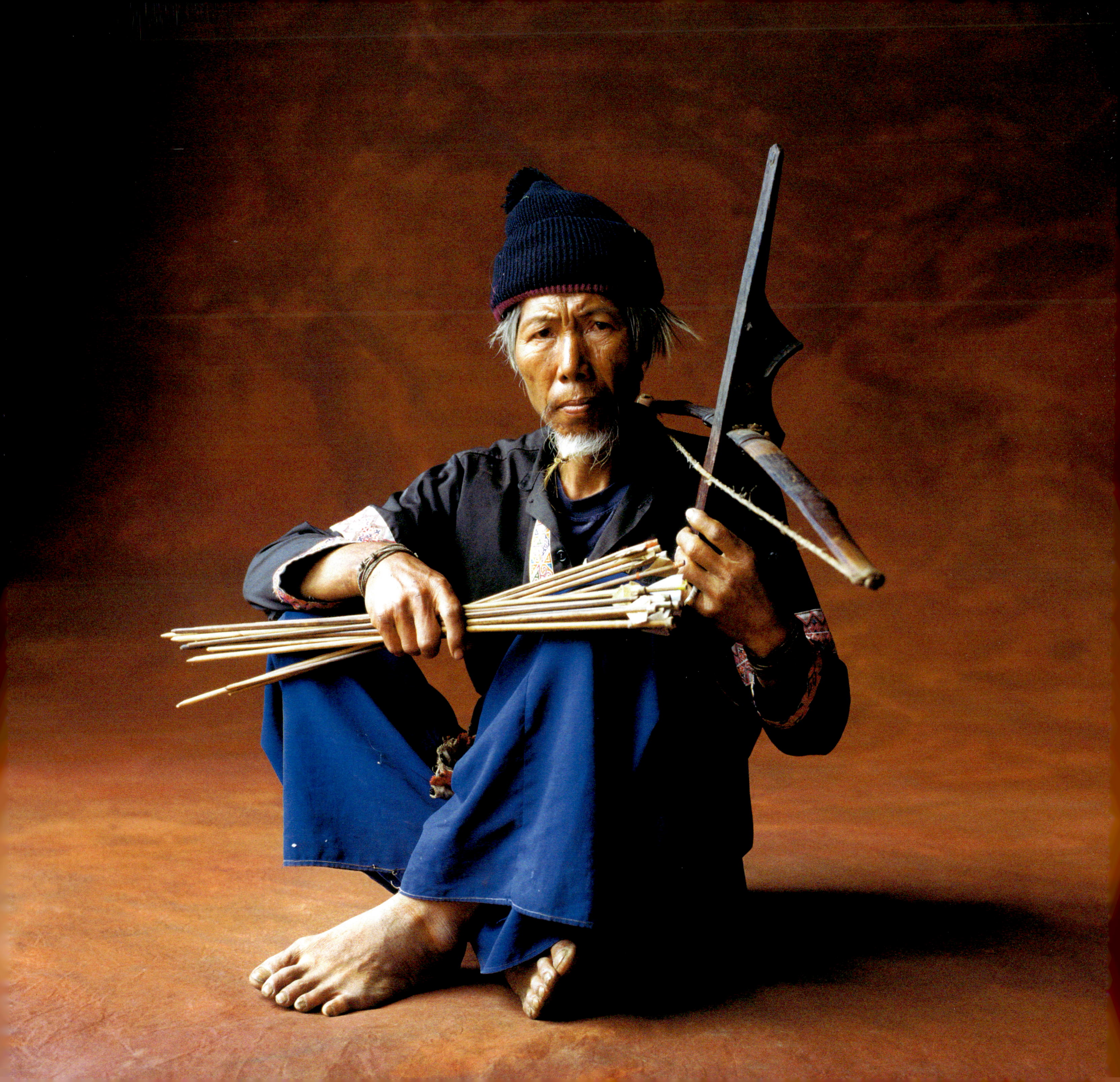

LINKS: JAE DAETUO, 58,
BAUER, HMONG.
DOI PUI, THAILAND.

Jae Daetuo ist ein
Hmong-Bauer aus den
Bergen im Norden Thailands. Die Hmong sind
entlang der ganzen Bergkette zu finden, die sich
von Myanmar durch Thailand und Laos bis nach
Vietnam zieht. Viele
haben eine Identitätskrise,
was ihr nationales Selbstverständnis betrifft.

LAU CHENG SAE TUNT, 61,
JÄGER, HMONG.
DOI PUI, THAILAND.

Lau Cheng Sae Tunt ist
ein sesshaft gewordener
Hmong. Sein Volk, das
man auch in Laos und
Vietnam findet, war
aktive Kriegspartei im
Vietnamkrieg. Viele
Hmong mussten nach
Kriegsende fliehen und
ließen sich schließlich in
den Vereinigten Staaten
nieder.

DADA, 40, BAUER, LAHU.
JABO, THAILAND.

Zusammen mit seiner Frau bearbeitet Dada das kleine Stück Land, das seine Familie ernährt. Sie leben in einem abgelegenen Dorf in den Bergen Nordthailands. Für sie ist es praktisch unmöglich, etwas mehr Geld als das zu verdienen, was sie mit dem Verkauf ihres geringen landwirtschaftlichen Überschusses erzielen.

CHUN, 63, BAUER, LAHU.
JABO, THAILAND.

Chun lebt noch immer wie
seine Vorväter. Die meisten
älteren Lahu schätzen das
einfache Leben. Wie ihre
Vorfahren glauben sie an
eine lebende Gottheit mit
magischen Kräften, die die
Natur belebt und die sie
um Hilfe anrufen können.

PENG, 13; UND LI SAE
YOUING, 12; HMONG.
DOI PUI, THAILAND.

Peng und Li Sae Youing
leben in den Bergen
Nordthailands. Ihre
Lieblingsbeschäftigung
ist es, mit ihrem selbst-
gebauten Gokart auf den
holprigen Wegen durch
ihr Dorf zu fahren.

VON LINKS NACH RECHTS:
NAPHO, 7; JAKA, 59;
UND KANJANA, 9;
LAHU. JABO, THAILAND.

Jaka, ein Lahu-Bauer, ist stolz auf seine Töchter Napho und Kanjana. Jaka ist noch in der Stammestradition aufgewachsen, aber seine Kinder besuchen eine staatliche Schule.

143

JAHRHUNDERTE LANG WAREN DIE STÄMME DES
GOLDENEN DREIECKS AUF WANDERSCHAFT – AUF
EINER LANGSAMEN WANDERUNG, BEI DER JEDE
GENERATION IMMER EIN STÜCK WEITER NACH SÜDEN
GELANGTE. NUN IST DIESE WANDERUNG ABRUPT
ZUM STILLSTAND GEKOMMEN. DAMIT BRICHT
DAS FIRMAMENT, DAS IHRE WELT ÜBERSPANNTE,
ÜBER IHNEN ZUSAMMEN UND BEGRÄBT IHRE
IDENTITÄT UND IHREN URSPRÜNGLICHEN
LEBENSSTIL FÜR IMMER UNTER SICH.

MOEMOE, 72, AKHA.
BAN KOAE, THAILAND.

Moemoe lebt in Ban Koae auf der thailändischen Seite der Grenze zu Myanmar. Zu ihrem Dorf führt keine Straße; was sie brauchen, wird auf Pferden und Mauleseln transportiert. Moemoe hat ihr Zuhause auf dem Berggipfel nur selten verlassen. Wie viele ihres Alters raucht sie täglich ihre Opiumpfeife.

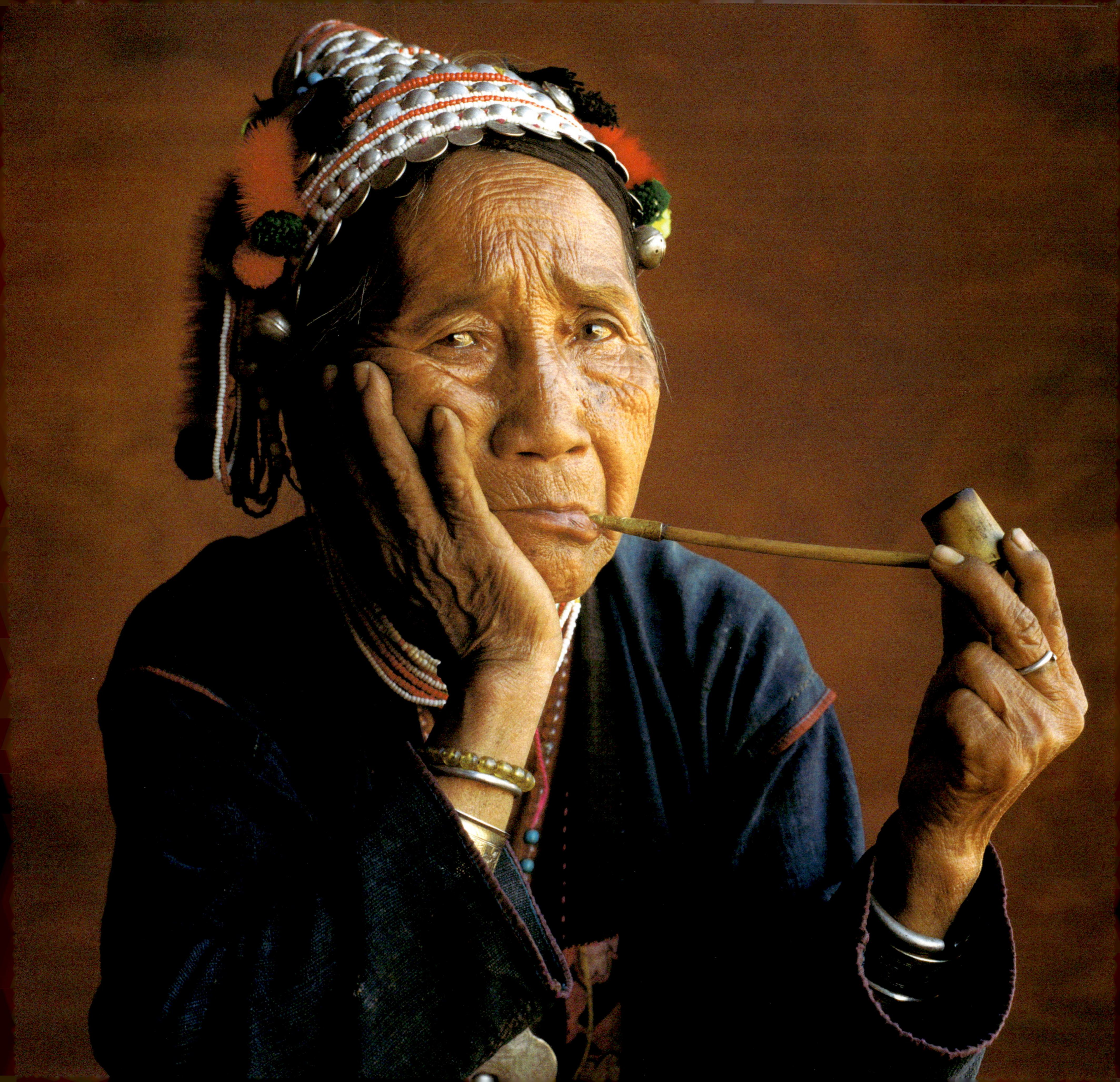

TORTARE, 38;
UND NOSHISHI, 50;
WEISSE KAREN.
BAN HUEY KAW,
THAILAND.

Die Weißen Karen aus dem Norden Thailands werden auch Sgaw-Karen, »die Karen der Berge«, genannt. 70 000 Sgaw leben in Thailand. Die Mehrheit der Karen, rund 2,7 Millionen, lebt in Myanmar. Wenngleich der Krieg der Karen gegen die Regierung von Myanmar noch andauert, bleiben den thailändischen Karen die verheerenden Kriegseinwirkungen erspart, unter denen ihre Vettern auf der anderen Seite der Grenze zu leiden haben.

JAMSUI, 45, BAUER, WEISSER KARE. BAN HUEY KAW, THAILAND.

Die Karen sind ein überwiegend christlicher Stamm in den beiden streng buddhistischen Ländern Thailand und Myanmar. Jahrelang kämpften die Karen in Myanmar für ihren eigenen unabhängigen Staat. Jamsuis Generation hat am meisten unter den Folgen dieses Konflikts zu leiden.

ALEMO, 37, AKHA.
BAN KOAE, THAILAND.

Alemo trägt die Nationaltracht der Akha, ihr fehlt lediglich die typische konisch geformte Kopfbedeckung. Sie kam von den Feldern mit einem Korb voll frisch geschnittenem Getreide zurück. Trotz der Armut der Akha ist ihre Nationaltracht eine der farbenprächtigsten in Thailand.

MICHU, 30, AKHA.
BAN KOAE, THAILAND.

Michu ist eine verheiratete Akha-Frau, sie ist gezeichnet vom harten Leben der Bergstämme Nordthailands. Die Frauen nähen ihre Kleider mit großer Sorgfalt. Auf den Märkten in den Tälern erkennt man sie sofort an ihrem Silberschmuck und ihrer typischen Kopfbedeckung.

JERNG, 20, PALAUNG. BAN
HUEY MAK, THAILAND.

Die Palaung gehören zur
Mon-Khmer sprechenden
Bevölkerung des Goldenen
Dreiecks. Ihre Hauptsied-
lungen liegen in Myanmar
in der Umgebung der
Stadt Kalaw im Süden des
Shan-Staates. Die Grenze,
an der sie Leben, ist für
sie durchlässig, aber nicht
ungefährlich.

VON LINKS NACH RECHTS:
NOD, 20; LU, 22; JIM, 16;
LEE, 28; UND TUATONG, 18;
PALAUNG. BAN HUEY MAK,
THAILAND.

Nod, Lu, Jim, Lee und
Tuatong tragen täglich ihre
farbenprächtige National-
tracht. Die Arbeit auf ihren
Feldern in den abgelegenen
Bergen ist nicht einfach.
In den Palaung-Dörfern
vermitteln diese Frauen
aber ein Gefühl von Fröh-
lichkeit und der Freude
an ihrem einfachen Leben.

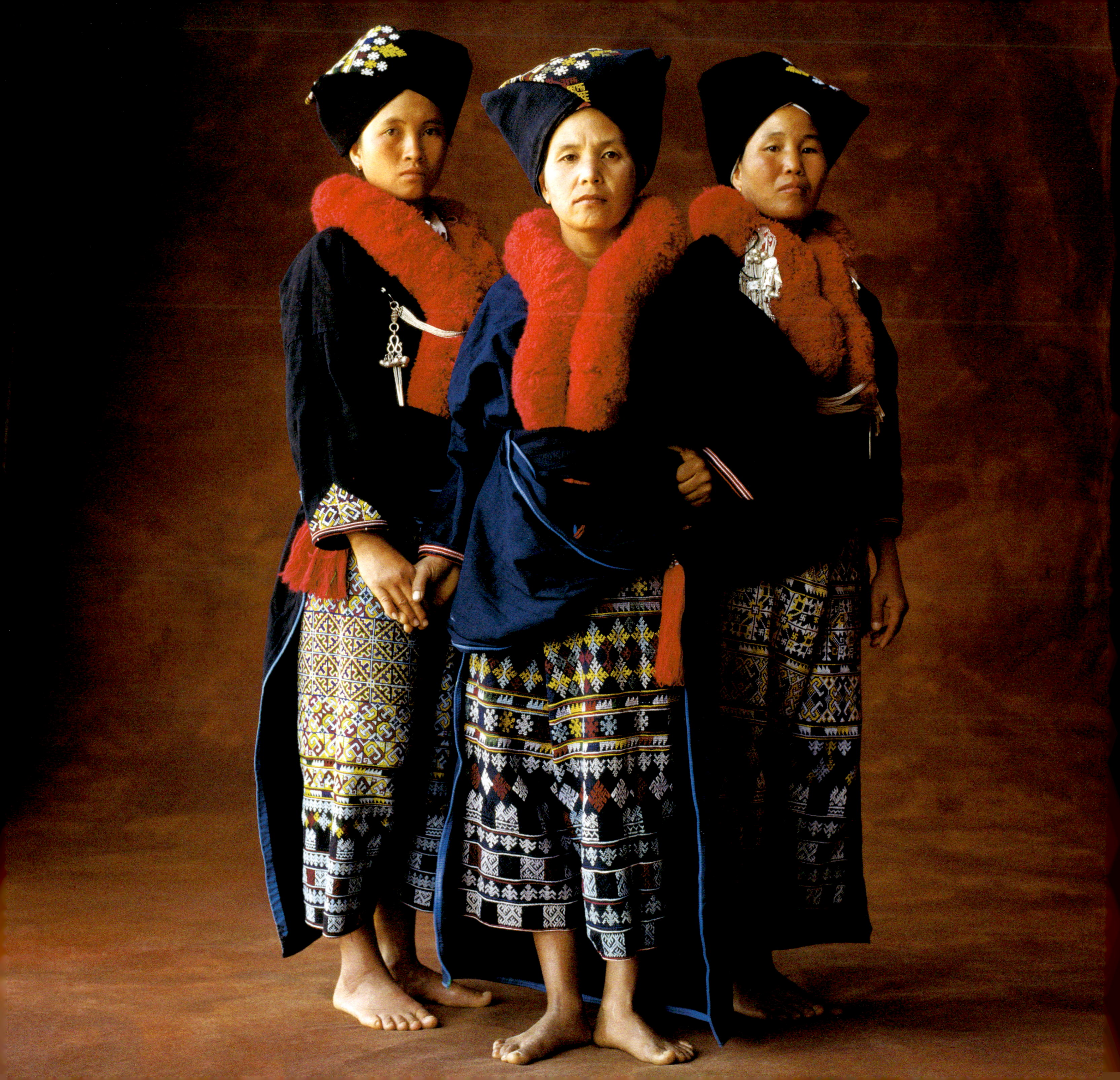

LINKS: YIN LIN, 22;
FANG YEN, 30; UND NAI
CHING, 30; YAO. HUEY
CHOMPHOO, THAILAND.

Yin Lin, Fang Yen und
Nai Ching kommen
aus dem Dorf Huey
Chomphoo in den Bergen
nördlich von Chiang Mai.
Die Yao unterhalten immer
noch enge Beziehungen
mit Teilen ihres Volkes in
Südchina. Bei ihren vielen
fröhlichen Dorffesten wird
in alter chinesischer Tradition immer ein Schwein
geschlachtet.

FANG YEN, 30, YAO. HUEY
CHOMPHOO, THAILAND.

Fang Yen trägt die
Nationaltracht der Yao.
Zu ihrem Dorf führt mittlerweile eine Straße, die es
mit der Welt jenseits der
Berge verbindet. In einem
kleinen Laden kann sie
nun auch die Materialien
zur Herstellung ihrer
Kleidung kaufen.

LEKI TSHERING, 65,
UND SEINE ENKEL-
TOCHTER LEKI, 3.
MERAK, BHUTAN.

Leki Tshering ist einer der größten Landbesitzer in Merak. Er hat elf Kinder und dreißig Enkelkinder. In seiner Kindheit, bevor die Geldwirtschaft eingeführt wurde, ernährten sich die Brokpas hauptsächlich von Tsampa, Tee und Yakkäse, während heute der auf dem Markt gekaufte Reis ihr Hauptnahrungsmittel ist.

DEM HIMMEL NÄHER ALS DER ERDE

BEI HIRTEN UND BAUERN IM LAND DES BRUTTOSOZIALGLÜCKS

Es gab noch eine weitere Region in Asien, in der wir unsere Suche nach der Würde des Menschen vertiefen wollten. Und das war Tibet. Tibeter leben auf einer Meereshöhe von durchschnittlich 4000 Meter, sie sind tantrische Mahayana-Buddhisten mit einer tief verwurzelten schamanischen Tradition, die seit über 1000 Jahren das Leben der Menschen von Sibirien bis Indien beeinflusst. Wir waren überzeugt, dass sich unserer Arbeit mit einer Dokumentation dieser Menschen eine weitere Dimension erschließen würde.

Mit dem Gedanken hatten wir schon lange gespielt. Wir waren 1997 in Tibet, um die Möglichkeiten zu eruieren. Es wurde uns aber schnell klar: ohne politische und finanzielle Unterstützung offizieller Stellen war ein Projekt wie das unsere dort nicht durchzuführen. In der Volksrepublik China ist die Würde des Menschen und ganz besonders die der Tibeter ein politisch hochbrisantes Thema. Im besten Fall wäre es mit staatlicher Einflussnahme, verbunden mit immensen Kosten und unter dauernder Kontrolle, machbar gewesen. Das war nicht unser Stil. Hier mussten wir vor den voraussehbaren Schwierigkeiten kapitulieren. Was tun?

Es gibt aber noch ein weiteres Land, in dem Menschen tibetischer Abstammung mit schamanistisch-buddhistischen Traditionen leben. Bhutan. An ihm sind nicht nur koloniale Unterwerfung, sondern auch die sozialen Umwälzungen des 20. Jahrhunderts vorübergegangen. Im Rückblick wissen wir jetzt, dass diese Alternative ein Glücksfall war. Nach 60 Jahren und zwei Generationen chinesischer Vorherrschaft ist Tibet als Idealvorstellung zwar noch vorhanden, sein Geist lebt aber im Exil, im indischen Dharamsala. Bhutan dagegen ist das sich langsam modernisierende alte Tibet in einem Miniformat.

In Bhutan lebt der tibetische Buddhismus, unbeeinflusst von außen, in der Form einer Untergruppierung einer der vier tibetisch-buddhistischen Sekten.

1999 reisten wir auf Einladung des ehemaligen Vorsitzenden des königlichen Beratungsausschusses, Dasho Letho, nach Bhutan, um vier Wochen lang die praktischen Möglichkeiten für unser Projekt zu erkunden. Um das Vorhaben in Bhutan unter den üblichen Bedingungen durchzuführen, wären pro Tag mindestens 1000 US-Dollar für ein Team von vier Leuten angefallen. Wir mussten dabei mit einem Aufenthalt im Land von mindestens drei Monaten rechnen. Dies überstieg bei weitem unser selbst finanziertes Projekt. Mit einer offiziellen Einladung der Regierung, so wussten wir, würden sich die Kosten etwa im selben Rahmen bewegen wie bei allen anderen Projekten davor.

Wir erhielten die Einladung vom damaligen Außenminister und jetzigen ersten demokratisch gewählten Premierminister, Lyonpo Jigmi Yoser Thinley. Im Herbst 2000 landeten wir mit unserer Ausrüstung in Paro. In den vier Wochen, die wir 2000 im Land verbrachten, durchquerten wir Bhutan von West nach Ost. Auch bekamen wir die Genehmigung, mit unserer gesamten Ausrüstung in das für Fremde gesperrte Gebiet der Brokpas in 4500 Meter Höhe an der Ostgrenze zu Arunachal Pradesh zu trekken. In Merak, einem der beiden Hauptorte der Region, stellte uns der Gup, der Bürgermeister, das Dorfhaus als Lager zur Verfügung. Da gerade ein Bogenschießwettbewerb stattfand, waren die meisten Yakhirten von den noch höher liegenden Weiden ins Dorf gekommen (Seite 176), und wir hatten Gelegenheit, dieses vielleicht weltweit am höchsten ausgetragene Sportereignis zu erleben. Eine Woche lang stand unser Studio sozusagen am Ende der Welt dem Himmel näher als der Erde.

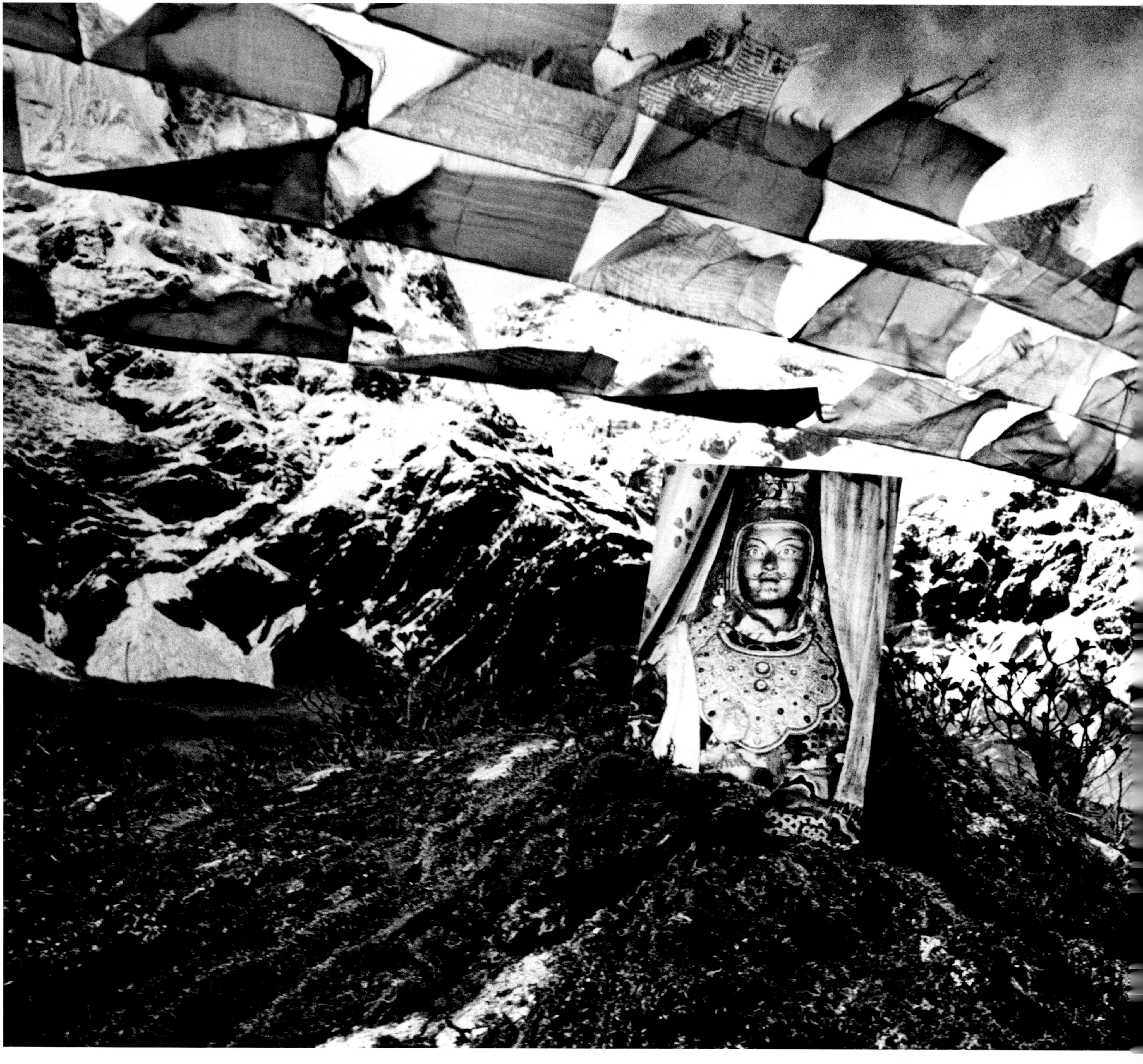

In Thimphu konnten wir dann unser Studio in Mothitang, im Palast einer der vier Königinnen, aufstellen, um Mitglieder der königlichen Familie aufzunehmen (Seiten 160 und 162). Vor unserer Abreise aus Deutschland hatten wir das Glück, den damaligen Kronprinzen und jetzigen König Bhutans, Jigme Khesar Namgyal Wangchuck, auf der Expo 2000 in Hannover persönlich kennenzulernen, und konnten ihm unser Projekt vortragen. Sein Aide-de-camp arrangierte dann unseren Besuch. Ein Glücksfall insofern, als die bhutanische Königsfamilie sich gegen jegliche Art der Medienberichterstattung abschirmt. Der König eines exotischen Landes, der mit vier Schwestern verheiratet ist und mit ihnen zusammen zehn Kinder hat, wäre für die westliche Presse eine nie endende Seifenoper.

Für uns war es unverzichtbar, Vertreter aller gesellschaftlichen Schichten des Landes zu fotografieren, Mitglieder der Königsfamilie genauso wie Bauern (Seite 164), Hirten, Handwerker (Seite 179), Mönche (Seite 171), Eremiten, Händler und Vertreter der Beamtenschicht, die im Ausland studiert hatten (Seite 161). Nur wenn man ihnen in die Augen sehen kann, ihre Gesichtszüge und ihre Haltung kennt, kann man auch die tief verwurzelte Spiritualität, die die Menschen Bhutans auszeichnet, richtig einschätzen.

Das Wichtigste für uns aber war, dass wir die Erlaubnis erhielten, in Tempeln und Klöstern zu fotografieren, die man nur mit einer selten gewährten Sondergenehmigung besuchen darf. So konnten wir nicht nur die Ausbildung der Novizen im Trongsa Dzong studieren, wir durften auch über Nacht im Dzong bleiben und konnten so an den frühmorgendlichen Zeremonien teilnehmen. Nicht so Renate; wie alle anderen Besucher musste gerade sie als Frau den Dzong zum Sonnenuntergang verlassen. Als sich die riesigen Dzongtore hinter ihr schlossen, die erst zum Sonnenaufgang wieder geöffnet wurden, waren wir in einer Welt zurückgeblieben, in der die Zeit still steht.

In Bhutan schirmt man diesen Bereich wie die eigene Seele, die Seele der Nation, ab. Der Aufenthalt in dieser den Blicken der Medien entzogenen Welt war eine große Herausforderung, nicht nur technisch-fotografisch, auch von der psychischen Anforderung her diese sprudelnde Quelle buddhistischer Religiosität zu erfühlen und zu begreifen. Ohne Verständnis der religiösen, geschichtlichen und sozialen Zusammenhänge, aber auch der Stimmung, die in träge fließenden Stunden in Dzongs und Lhakhangs die Menschen gefangen nimmt, würde man unweigerlich Fotos, geprägt von einer abgekoppelten Mystik und Romantik, zurückbringen. Wir hatten uns gut vorbereitet; unser Blick für das Essentielle war in den vorangegangenen Jahren geschärft worden.

GANZ NAH AM WOHNORT DER GÖTTER. AM RAND DER GLETSCHER,
DIE BHUTAN VON TIBET TRENNEN, HABEN GLÄUBIGE GEBETSFAHNEN
UND EIN BILD VON GURU RIMPOCHE HINTERLASSEN.

Der Einfluss, den eine Landschaft auf die Menschen hat, die dem Land ihren Lebensunterhalt immer wieder und unter schwierigsten Bedingungen abringen müssen, war uns während der vergangenen Reisen nur zu deutlich bewusst geworden. Bei dieser Reise, die ja nur ein Land, eine Kultur und einen Menschenschlag betraf, war es uns wichtig zu sehen, wie sich dieser Einfluss der Natur in den Menschen widerspiegelt.

Bhutaner leben zum größten Teil in Tälern auf etwa 2500 Meter Meereshöhe; ihre Landwirtschaft ist mit einem jährlich wiederkehrenden Monsun gesegnet. Der Landschaftscharakter wird aber dadurch geprägt, dass innerhalb von 170 Kilometern das Land von 600 auf 7000 Meter ansteigt. Bhutan von Süden nach Norden zu durchqueren heißt dauernd und steil anzusteigen. Fehlende Süd-Nord-Verbindungen lassen dies nur zu Fuß zu. Die Dörfer sind abgelegen und meist autark. Auf einer Höhe von 4000 bis über 5000 Meter, einer intensiven Sonnenbestrahlung ausgesetzt, liegen die saftigen Weidegebiete der Yaks. Menschen in dieser Höhe leben an der Grenze des vom menschlichen Organismus Verträglichen. Es waren in erster Linie diese Menschen, die wir für unser Projekt aufsuchen wollten. Mit einer halben Tonne Ausrüstung und Verpflegung geht das nur mit Maulesel- und Yakkarawanen und einer gehörigen Portion Fitness.

Obwohl Bhutan Anschluss an das 21. Jahrhundert zu finden versucht, ist es noch immer eines der ärmsten Länder der Welt. Im Gegensatz zu Nepal versucht es aber bereits seit den 1950er Jahren die alten religiös-feudalistischen Strukturen abzubauen, ohne das Land der Gefahr eines Bürgerkrieges auszusetzen. Die unaufgeforderte Übergabe der absolutistischen Rechte des Königs an ein gewähltes Parlament hat Bhutan die Unruhen erspart, die sein Nachbarland in einen jahrzehntelangen Guerillakrieg stürzten.

Mit indischer Finanzhilfe wurden Wasserkraftwerke errichtet, die einen der wichtigsten Reichtümer des Landes erschließen, ohne ökologischen Schaden anzurichten. Die Einnahmen daraus und eine soziale Entwicklung, die auf der Philosophie des vierten Königs vom ›Bruttosozialglück‹ (im begrifflichen Gegensatz zu dem im Westen fokussierten Bruttosozialprodukt) aufbaut, sollen helfen, die noch vorhandene feudale Gesellschaftsstruktur und die damit verbundenen Verhaltensweisen zu überwinden. Dies zu bewerkstelligen, ohne die spirituelle Grundlage zu zerstören, die das Leben der Bhutaner noch immer bestimmt, wird die Aufgabe des jungen Königs und der 2008 gewählten demokratischen Nationalversammlung sein.

Jigmi Y. Thinley, der damalige Außenminister und neue Premierminister Bhutans, dem wir unsere Einladung zu verdanken haben, ist ein überzeugter Verfechter der ›Bruttosozialglücksidee‹, die auch im Westen große Aufmerksamkeit hervorgerufen hat. Inzwischen gibt es weltweit mehrere Universitäten, die sich dieser Idee zugewandt haben. Wissenschaftliche Studien, in denen nicht nur der materielle Wohlstand, sondern auch der spirituelle als Bewertungskriterium herangezogen wurden, waren bereits Grundlage mehrerer internationaler Symposien. So klein und so unwichtig das Land im internationalen Kräftespiel ist, auf der Suche nach Lösungen für die auf uns zukommenden globalen sozialen Probleme ist es inzwischen ein nicht unwichtiger Ideenproduzent. Sieht man sich die Menschen in diesem Land näher an, so sagt dies auch etwas über die Idee des ›Bruttosozialglücks‹ aus.

Nach den ersten vier Wochen des Projekts wussten wir, dass wir wiederkommen müssen. Obwohl Bhutan nicht größer ist als die Schweiz, muss man, um Dörfer, Dzongs und Klöster zu erreichen, die über 3000 Meter hoch liegen, tagelange Fußmärsche auf sich nehmen. Mit der nötigen Ausrüstung ist dies nur mit einer Karawane von Tragtieren möglich. Ein zeitaufwendiges Unterfangen.

Unsere zweite Fotoexpedition nach Bhutan, die wir 2002 unternahmen, galt hauptsächlich einer solchen Region. Dem Norden. Wir wollten die Yakhirten auf ihren Weiden erreichen, die mit ihren Herden in bis zu 5000 Meter Höhe nahe der tibetischen Grenze leben. In Laya, 4000 Meter hoch, mieteten wir ein Lagerhaus, das zu unserem Basiscamp wurde. Von hier aus ging es dann direkt bis zu den senkrechten Felswänden der Siebentausender, an deren Fuß die Hirten in Zelten aus gewebtem Yakhaar und in Steinhöhlen leben. In ihnen befinden sich außer einfachen Schlafstellen nur in Säcke verpackter Buchweizen und Tee. Diese einfachen Nahrungsmittel sowie Yakmilch und Käse sind ihre einzige Verpflegung. Beheizt werden diese eher Refugien zu nennenden Behausungen von einem kleinen offenen Feuer, um das wir uns morgens und abends bei manchmal minus 15 Grad zusammen mit der ganzen Familie drängten.

Wie wir erst später erfuhren, befanden wir uns auch hier in einem Sperrgebiet. Unser GPS zeigte unverständlicherweise an, dass wir uns bereits hinter der Grenze befanden, obwohl die Weiden durch die weißen Wände des Tiger Peaks und seiner Ausläufer von Tibet getrennt schienen. Viel später, 2007, wurde uns durch das letzte Grenzabkommen zwischen China und Bhutan bestätigt, dass wir damals unwissentlich bereits auf tibetischem Gebiet waren.

Die halbnomadischen Yakhirten in Bhutans höheren Lagen, die wir schon auf unserer ersten Reise zu den Brokpas kennengelernt hatten, waren genau die Menschen, die wir für unser Projekt suchten. Ihr Lebensstil hat sich in den letzten 1000 Jahren nicht verändert. Es sind Menschen, für die Geister- und Dämonenglaube, eng verbunden mit buddhistischen Vorstellungen, einen Überbau bilden, der einem spirituellen Spiegelbild der Landschaft entspricht, der sie die Freuden und Härten ihres Lebens abringen müssen. Ihre robuste körperliche Konstitution rundet dieses Bild ab.

Wir hatten beide Reisen so gelegt, dass sie jeweils zu einem der beiden großen Tanzfeste des Jahres stattfanden. In Paro und in Thimphu. In beiden Fällen konnten wir unser Studio neben den Umkleidekabinen der Tänzer aufstellen und waren so mitten im Geschehen (Seiten 166 und 170). Die aus allen Teilen Bhutans angereisten Besucher der Feste entstammten allen Gesellschaftsschichten und kamen in ihrer besten Kleidung (Seite 163). Ein perfektes Feld für unsere Studien und unsere Arbeit.

Nicht nur in Bhutan, auch auf unseren vorangegangenen Reisen mussten wir feststellen, dass wir ohne die selbstlose Hilfe und Unterstützung der Menschen, auf die wir bei unserer Arbeit angewiesen waren, nichts erreicht hätten. Wie auch in Myanmar, Indien und Afrika bestand unser Team vor Ort oft aus bis zu zehn Personen. Es waren Führer, Träger, Übersetzer, gebildete Einwohner und religiöse Vorbilder, die uns mit der Geschichte, den Mythen, den Legenden, den realen Lebensbedingungen, aber auch mit ihrer Lust am Leben vor Ort vertraut machten und die gleichzeitig immer Hand anlegten, wenn dringend etwas getan werden musste.

Sie alle haben einen tiefen Eindruck in uns hinterlassen, der die Aussagen der Fotos transzendiert. Würde zu begreifen ist nach diesen Erfahrungen etwas ganz Einfaches. Menschenwürde geht weit über die juristisch definierten Menschenrechte hinaus, die im westlichen Denken eine zentrale Position eingenommen haben. Sie hat essentiell etwas mit einem ungebrochenen Selbstverständnis zu tun. Dieses bei anderen zu ignorieren, verächtlich zu machen oder zu zerstören ist das ultimative Vergehen in Bezug auf die Menschenrechte. Es ist eine Art Kriegshandlung ohne Feuerwaffen, eine Aggression, die einer zukünftigen, friedlich-globalisierten Welt im Weg steht. Die Einschätzung dieses Selbstverständnisses und dabei die Bewertung von Würde von ökonomischen Determinanten abhängig zu machen zeugt von dem größten Makel, den Buddhisten sehen: Ignoranz. Erst Würde, die sich auch aus Mitgefühl definiert, haucht den grundlegenden europäischen Werten wie Freiheit, Gleichheit, Brüderlichkeit, soziale Verantwortung und Gerechtigkeit Leben ein und macht jeden Einzelnen zu einem Spiegelbild der gesamten Menschheit.

Die Würde des Menschen zu begreifen, ohne dabei einem romantisierenden Idealismus zum Opfer zu fallen, ist auch der erste Schritt hin zu einem Verständnis, wie Beethoven und Schiller es in der Ode an die Freude ausdrückten. Unsere bisherigen Reisen waren ein konkretes Erleben dieses Geistes.

SEINE MAJESTÄT
JIGME KHESAR NAMGYAL
WANGCHUCK UND SEIN
JÜNGSTER BRUDER,
DASHO UGYEN JIGME
WANGCHUCK.

Nachdem sein Vater, Jigme Singye Wangchuck, überraschend zurücktrat, wurde 2006 Jigme Khesar Namgyal Wangchuck im Alter von 26 Jahren zum 5. König Bhutans ernannt. Er hat neun Geschwister; fünf Schwestern und vier Brüder.

LYONCHHEN
JIGMI Y. THINLEY.
THIMPHU, BHUTAN.

Seine Exzellenz Jigmi Y. Thinley, der erste demokratisch gewählte Premierminister Bhutans, hatte bereits im Kabinett des 4. Königs verschiedene verantwortungsvolle Positionen inne und war eine der treibenden Kräfte, die Bhutan zu einer konstitutionellen Monarchie machten.

161

IHRE MAJESTÄTEN
ASHI TSHERING PEM
WANGCHUCK,
ASHI DORJI WANGMO
WANGCHUCK UND
ASHI TSHERING YANGDON
WANGCHUCK.
THIMPHU, BHUTAN.

Der 4. König von Bhutan ist mit vier Schwestern verheiratet. Auf diesem Foto fehlt Ashi Sangay Choden, die gerade in den Vereinigten Staaten war. Ashi Tshering Yangdon (rechts) ist die Mutter des 5. Königs von Bhutan. Die Königinnen sind Nachkommen der Familie des letzten Desi, der fünften Redeinkarnation, und verwandt mit der sechsten Bewusstseinsinkarnation des Shabdrung, des Gründers von Bhutan.

KINLEY DEMA, 15
(LINKS), UND
KUENCHO PEM, 15.
THIMPHU, BHUTAN.

Kinley Dema und
Kuencho Pem gehen beide
in Thimphu auf die High
School. Während Kinley
Tanzunterricht nimmt, ist
Kuenchos Hobby Fußball.
Wie ihre Mütter tragen
auch sie an Festtagen nur
handgewebte traditionelle
Kleidung.

SANGAY WAMGMO, 66
(LINKS), UND
THUKTEN TSHERING, 69.
SHENGANG, BHUTAN.

Sangay Wamgmo und
Thukten Tshering sind
Bauern im Ruhestand.
Sie haben sieben Kinder.
Die drei Söhne dienen
freiwillig in der Armee,
während die Eltern mit
den vier Töchtern zusammenleben und den Hof
bewirtschaften. Entsprechend der Tradition
hat die älteste Tochter
Bauernhof und Felder
geerbt. Ehemänner ziehen
normalerweise in das
Haus ihrer Frauen – nicht
umgekehrt.

164

VON LINKS NACH RECHTS:
CHIMI DORJI, 17;
PEMA TSHERING, 17;
NORBY GYELTSHEN, 17.
THIMPHU, BHUTAN.

Chimi Dorji, Pema Tshering und Norby Gyeltshen sind Schüler an der Junior High School von Thimphu. Alle drei haben hervorragende Noten und werden sich wohl nach ihrem Studium im Staatsdienst bewerben. Ausschlaggebend bei der Einstellung wird dabei neben ihren akademischen Leistungen auch ihr Verständnis bhutanischer Traditionen und Normen sein. Zu ihnen zählen Selbstdisziplin, ökologisches Verständnis und Mitgefühl mit allen Lebewesen.

SRING-BENJON, 15.
PARO, BHUTAN.

Sring-Benjon ist ein Maskentänzer, hier mit der Maske einer der Gefährtinnen von Guru Rimpoche. Die meisten buddhistischen Heiligen lebten nicht zölibatär. Ihre Gefährtinnen sind als Daikinis bekannt, die wie die Musen Glück bringende Energien besaßen.

KARMA WANGCHUK, 14 (LINKS), UND WANGCHUK, 10. LAYA, BHUTAN.

Karma Wangchuk trat mit elf Jahren ins Kloster ein und Wangchuk mit acht. Bereits 1682 hatte der 4. Desi, der letzte Herrscher Bhutans, der noch weltliche und religiöse Macht in sich vereinte, bestimmt, dass einer von drei Söhnen in jeder Familie Mönch zu werden hat. Daran halten sich auch heute noch viele kinderreiche Familien.

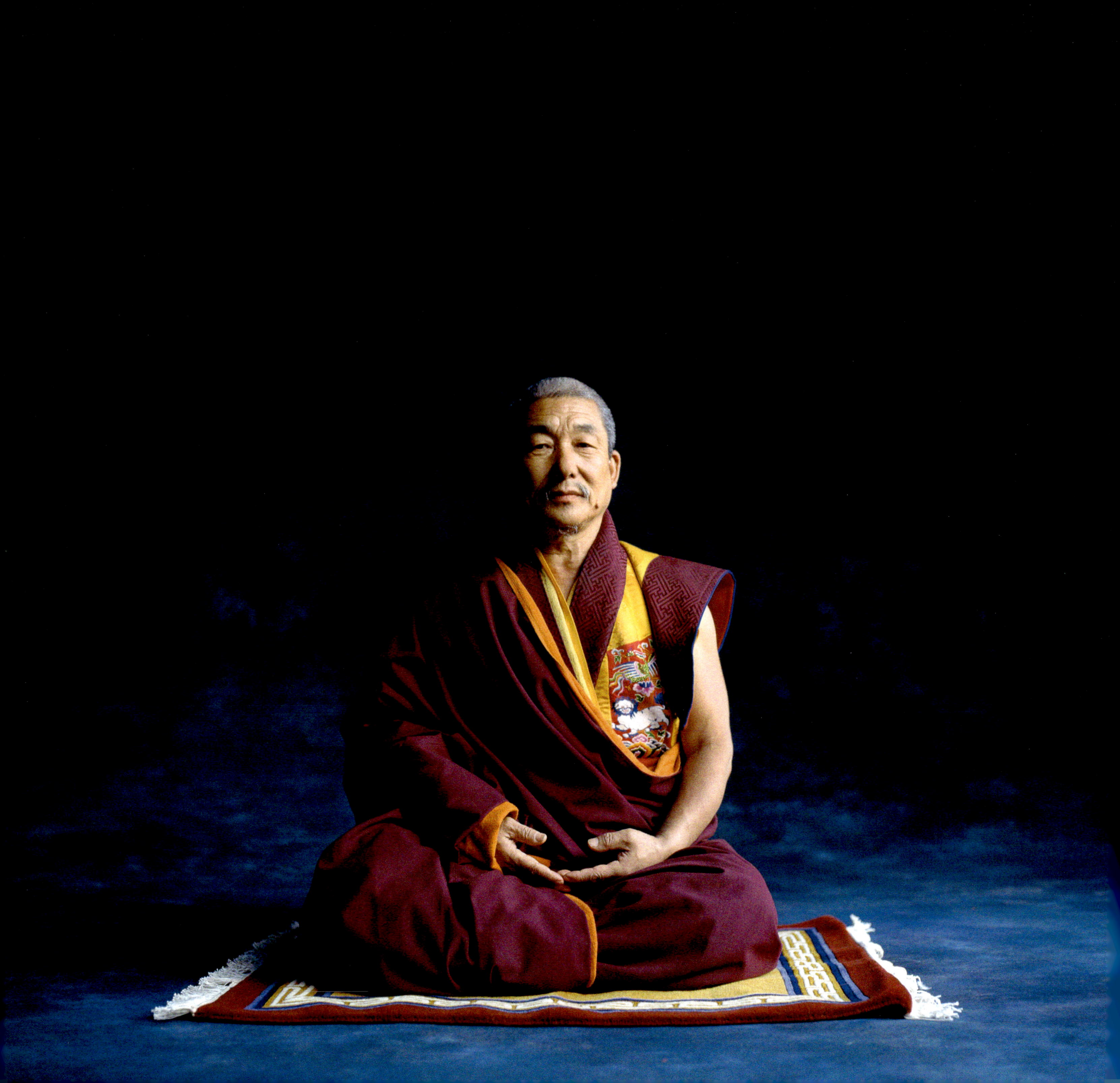

LINKS:
YOUNTEN GYELTSHEN
(DORJI LOPEN), 66.
THIMPHU/PUNAKHA,
BHUTAN.

Younten Gyeltshen ist
ein führendes Mitglied
des Drukpa-Ordens,
der jedes Jahr während
der Wintermonate
seinen Sitz von
Thimphu in das
wärmere Punakha ver-
legt. Gläubige säumen
dann den Pfad, auf
dem die Mönche ihre
anstrengende Wande-
rung machen.

KINLEY TAWAD, 18.
THIMPHU, BHUTAN.

Kinley Tawad ist ein
Mönch, der während
des Tshechu-Festes in
Thimphu als Musiker
auftritt. Musik und
Kleidungsstil haben
sich seit Jahrhunderten
nicht verändert, sie
wurden von Generation
zu Generation detail-
genau weitergegeben.
Heute sind sie Teil einer
lebenden Weltkultur, die
unabhängig von touristi-
schen Einflüssen existiert.

169

EIN MÖNCH IN DER MASKE EINER SCHRECKLICHEN GOTTHEIT. THIMPHU TSHECHU, BHUTAN.

Tantrische Buddhisten wissen, dass es schreckliche Menschen und Dämonen gibt, die friedlich nicht bekehrt werden können. Deshalb attackiert sie Guru Rimpoche als »Wild-wütender Blitz«. In dieser Maske rettet er nicht nur die Welt vor den Dämonen, er errettet und bekehrt auch diese selbst.

TANDIN WANGCHUK, 30.
TRASHIGANG, BHUTAN.

Tandin Wangchuk ist ein Mönch der Nyingma-Sekte, die hauptsächlich im Osten Bhutans zu finden ist. Mit der Druk-Sekte, gewissermaßen die Staatsreligion in Bhutan, haben die Nyingma-Mönche keine Probleme. Beide Schulen werden von den Gläubigen gleichermaßen respektiert.

DECHEN WANGMO, 32,
MIT IHREM EINJÄHRIGEN KIND PEMANGDY.
MERAK, BHUTAN.

Dechen Wangmo ist die Frau des Verwalters der Regierungsgebäude in Merak. Sie haben fünf Kinder, aber keine Weidetiere. Dechen ging nie zur Schule; als sie aufwuchs, gab es in den Bergen noch keine Schulen.

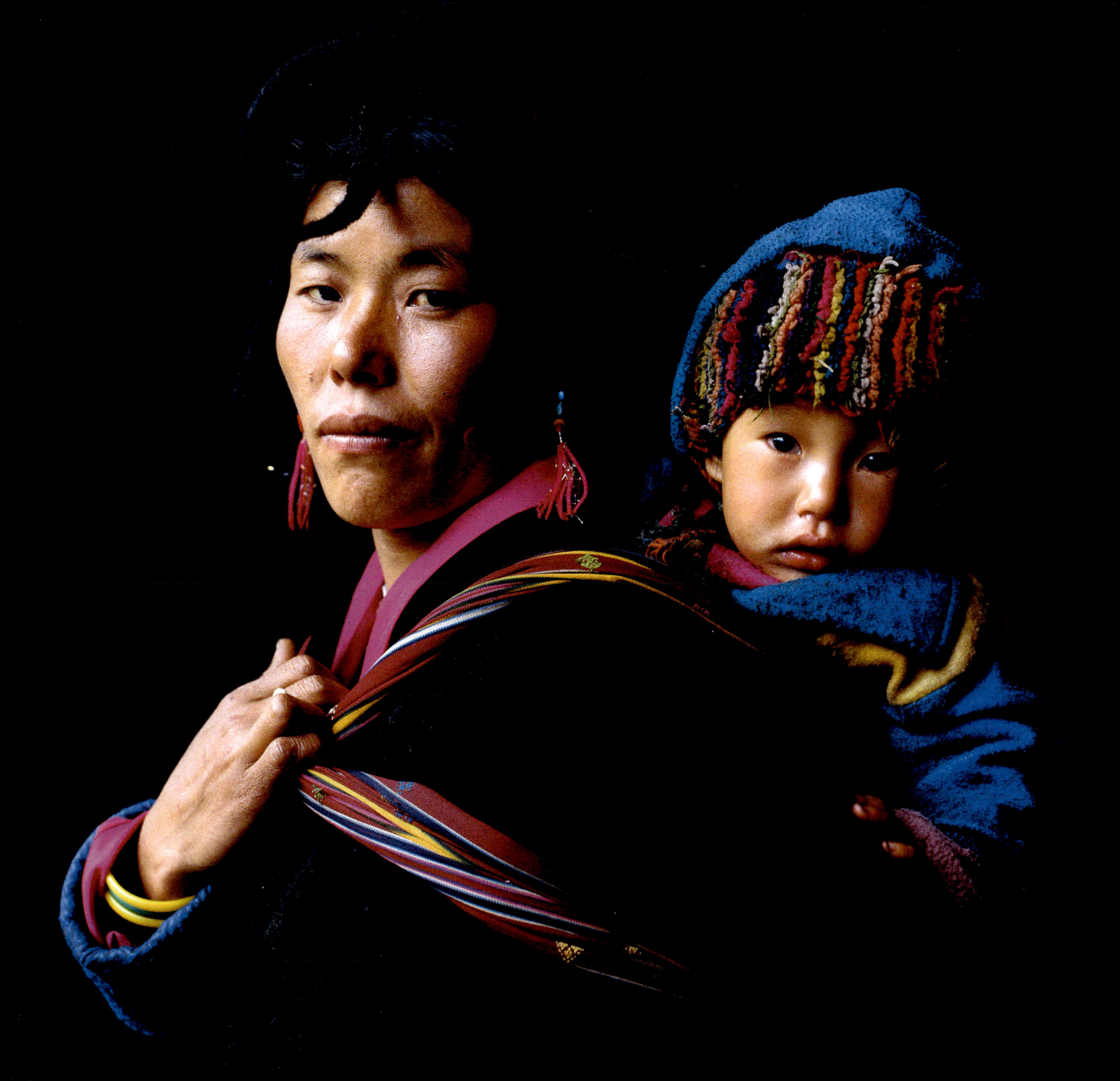

VON LINKS NACH RECHTS:
JAMBAY DEMA, 21;
EIN 19-JÄHRIGES TAUB-
STUMMES MÄDCHEN;
YANGZOM, 17.

Die drei Schwestern sind die Töchter eines Bauern und Hirten in Merak. Yangzom, die Jüngste, ist nach drei Jahren Ehe bereits geschieden. Sie hat einen dreijährigen Sohn und lebt mit ihren Schwestern bei ihren Eltern. Gemeinsam kümmern sie sich um die Familienfelder und eine Herde von 30 Yaks und Rindern.

PEMA WANGDI, 18.
MERAK, BHUTAN.

Pema Wangdi ist ein
Schaf- und Yakhirte in
Merak. Bogenschießen ist
seine große Leidenschaft.
Für viele Bhutaner ist es
die bevorzugte Sportart.
Die Entfernung zum Ziel
beträgt über 140 Meter.
Auch wenn bei nationalen
Wettbewerben moderne
amerikanische Bogen
verwendet werden, finden
viele lokale Wettschießen
mit selbstgemachten
Bogen statt.

NIMA, 30.
MERAK, BHUTAN.

Nima ist ein Brokpa-Hirte, der im Sommer mit 40 Yaks auf den Hochweiden über Merak unterwegs ist. Da Merak auf über 4000 Meter liegt, kommt er oft über Nacht ins Dorf zurück.

PHUNTSHO, 25.
MERAK, BHUTAN.

Phuntsho ist ein Rinder- und Yakzüchter. Aus der Kreuzung von Rindern und Yaks züchtet er Zomos, die unter schwierigsten klimatischen Bedingungen in großen Höhen grasen und auch als Zug- und Lasttiere Verwendung finden.

TIEF VERWURZELT IN UNSERER TRADITION DES MAHAYANA-
BUDDHISMUS LEGEN WIR NICHT AUF MATERIELLE ENTLOHNUNG
WERT, SONDERN AUF INDIVIDUELLE ENTWICKLUNG, AUF DIE
UNVERLETZLICHKEIT DES LEBENS, AUF MITGEFÜHL FÜR ANDERE
UND AUF EHRFURCHT VOR DER NATUR, AUF SOZIALE HARMONIE
UND KOMPROMISSBEREITSCHAFT.

WIR WOLLEN AUS DIESEM REICHEN FUNDUS SCHÖPFEN, UNSERE
SOZIALE UND KULTURELLE PHILOSOPHIE ERHALTEN UND AUF
DIESER BASIS EIN GLEICHGEWICHT ZWISCHEN DEN MATERIELLEN
UND DEN SPIRITUELLEN ASPEKTEN DES LEBENS ERLANGEN.

BHUTAN 2020, PLANUNGSPAPIER DER BHUTANISCHEN REGIERUNG

PEMA DENTRUP, 57. LAYA, BHUTAN.

Pema Dentrup war zehn Jahre lang Mönch, bevor er sich als Zimmermann ausbilden ließ. Seither hat er 19 Häuser im traditionellen Stil ohne Nägel oder Eisenkrampen gebaut. Er verwendet keine maschinengetriebenen Werkzeuge. Obwohl er nie zur Schule ging, kann er lesen, schreiben, berechnen und kalkulieren. Es sind Handwerker wie Pema Dentrup, die den typischen Architekturstil des Landes pflegen und erhalten.

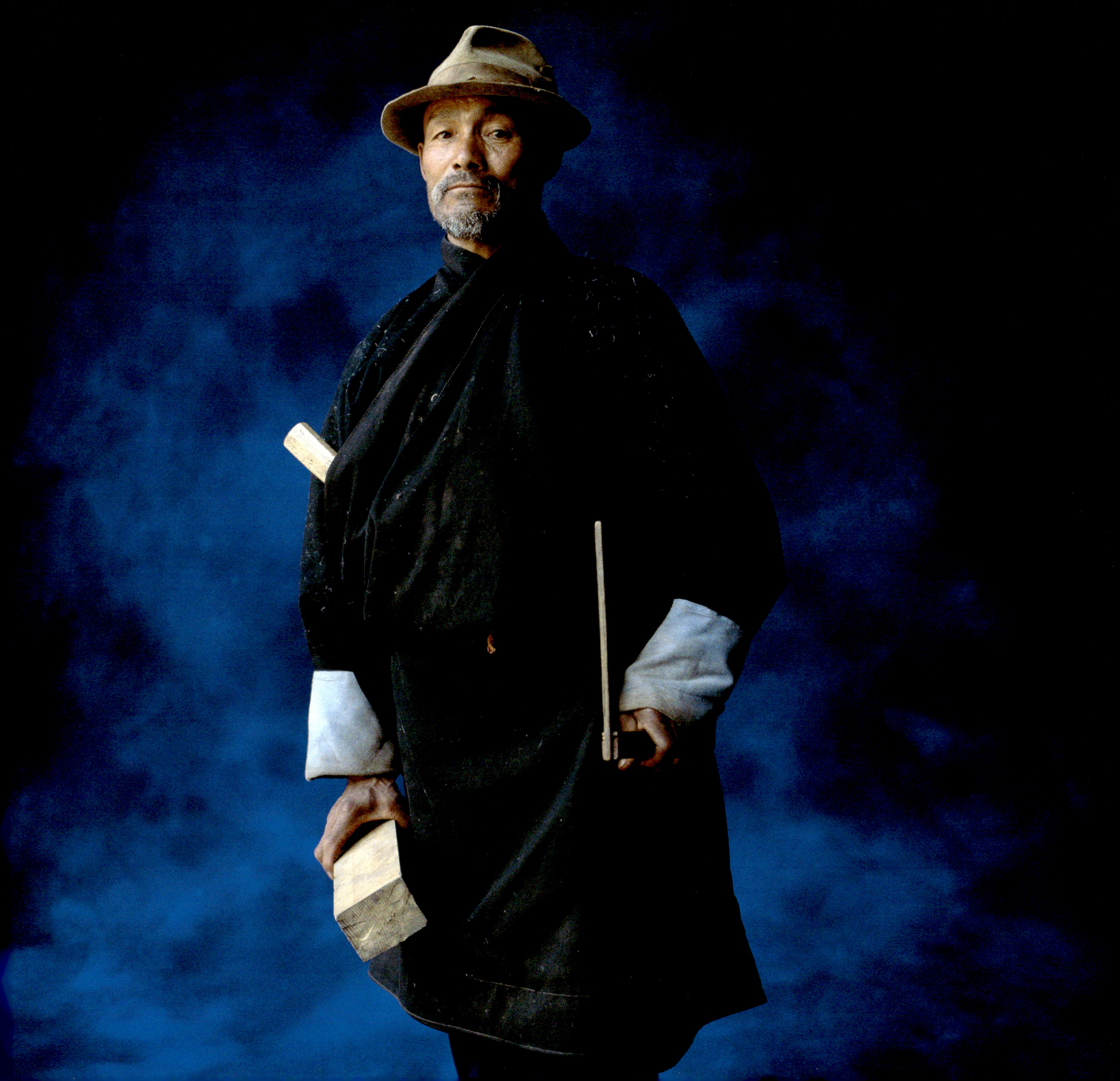

ONGMO, 25, UND IHRE
SECHSJÄHRIGE TOCHTER.
LAYA, BHUTAN.

Ongmo ist seit sieben
Jahren verheiratet und hat
zwei Kinder. Sie bestellt
die Felder, während ihr
Mann als Maultiertreiber
unterwegs ist.

DORJI WANGMO, 83.
LAYA, BHUTAN.

Dorji Wangmo ist die
älteste Einwohnerin Layas.
Bevor sie mit 18 heiratete,
verbrachte sie ihr Leben
als Nomadin in Zelten aus
Yakfilz. Von ihren acht
Kindern haben nur drei
überlebt. Sie hat elf Enkel-
und zwei Urenkelkinder.

VON LINKS NACH RECHTS:
LEKI WONKCHUK, 7;
LEKI WONGCHUK, 10;
DORJI WONGCHUK 11.
LAYA, BHUTAN.

Leki Wonkchuk, Leki Wongchuk und Dorji Wongchuk gehen in Laya zur Schule. Nach der 5. Klasse gibt es eine weiterführende Schule in Gasa, einen Tagesmarsch zu Fuß entfernt. Sie sind es von klein auf gewohnt, auf den Feldern mitzuarbeiten.

ZAM, 20.
LAYA, BHUTAN.

Zam ist die Tochter eines Händlers in Laya. Sie hat sieben Geschwister und ging nie zur Schule. Sie hilft auf den Feldern, die jede Familie in Laya hat, und webt zu Hause. Sie trägt einen *Tshazam*, einen Bambusspitzhut, an dem man Frauen aus Laya erkennt. Ihr Schmuck kommt aus Tibet. Da sie noch nicht verheiratet ist, hat sie ihn von ihren Eltern bekommen.

NYMA TSHERING, 40. LAYA, BHUTAN.

Nyma Tshering arbeitet seit zwanzig Jahren
als unabhängiger Schreiner und Zimmermann.
Als er aufwuchs, gab es in Laya noch keine Schule.
Obwohl er weder lesen noch schreiben kann,
sind seine beruflichen Fähigkeiten in der Region
hoch geschätzt. Wie die meisten Layops,
die Einwohner Layas, besitzt er auch Yaks, Pferde
und Felder, die ihn zum Selbstversorger machen.

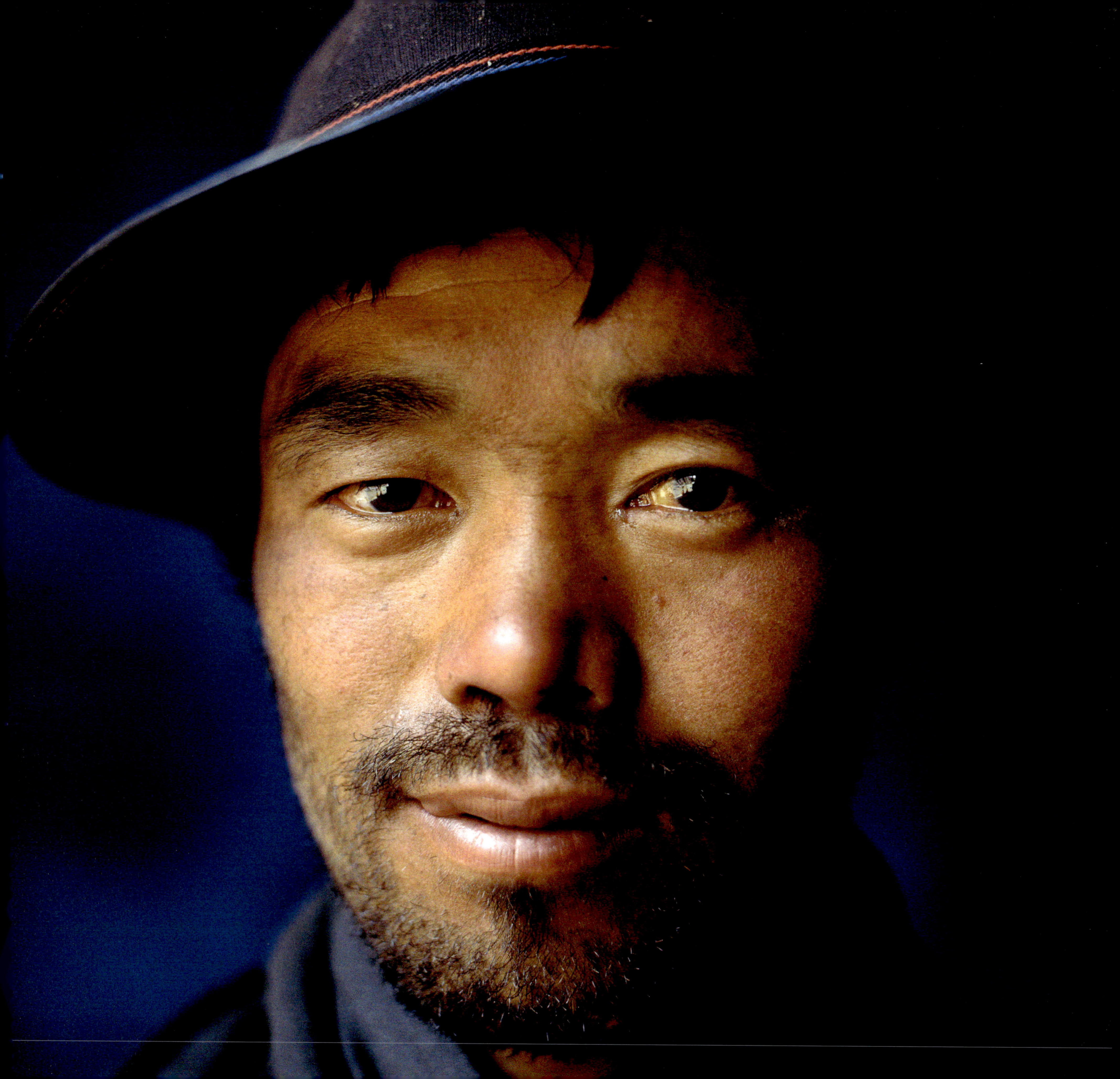

EPILOG

Die Menschenwürde leuchtete im Laufe der Zeiten nur dann und wann und hie und da in einsamem Glanz auf;
sie war die Hoffnung auf den besseren Menschen, aber nie die Errungenschaft einer Mehrheit.

James Thurber

Obwohl der Ausdruck »Menschenwürde« in unserer aufkommenden globalen Weltkultur überall in Gebrauch ist, ist er noch immer ein schlecht definierter Begriff. Er dient vielen Herren und verrät stets das Denken des Benutzers. Während »Würde« in materialistischem Sinne schon fast synonym mit »Stolz« ist, verstehen wir sie im politischen Sprachgebrauch als den Inhalt der Menschenrechte. In ihrer engsten, aber grundlegenden Bedeutung erkennt man den aufrechten Gang des Menschen in seiner ausweglosen Situation; den heroischen Versuch, furchtlos zu sein angesichts eines endgültigen Schicksals, das wir weder verändern noch beeinflussen können. Es ist das Verständnis der Menschen, ihren Platz im Universum gefunden zu haben, das ihnen Würde verleiht. Nach diesem Verständnis begreift sich der Mensch weder als allmächtig, als Herr über das Leben, noch als nur von seinen Instinkten geleitet.

Schon in prähistorischer Zeit zeigte sich Würde als jene Kraft, die unsere Vorfahren lehrte mit furchteinflößenden Naturphänomenen umzugehen, ohne sich von ihnen überwältigen zu lassen. Der Gefahr mit Mut zu begegnen und ihre Nachkommen mit Geschick und Klugheit zu verteidigen, führte die vorzeitlichen Menschen zu der Erkenntnis, dass sie ein Bewusstsein besaßen, das sie anderen Spezies überlegen machte. Solange sie sich als integralen Teil der Natur empfanden, zogen sie ihre Würde aus der Nutzbarmachung dieses Wissens, ohne jedoch die Grenzen des Notwendigen zu überschreiten. Mit der Entwicklung ihrer geistigen und spirituellen Fähigkeiten hat sich dann aber das Gefühl der Würde gewandelt.

Vor etwa fünf- bis dreitausend Jahren, in einem Zeitalter, das man als das der Weisen bezeichnen kann, wurde dieser Wandel sichtbar. Bis dahin lebten unsere Vorfahren mit Begriffen, die nur die nächstliegende Situation, ihr natürliches Umfeld bezeichneten und bewusst machten. Auf einmal entstand in Griechenland, dem Mittleren Osten, in Indien und in China ein ähnlicher Fundus an Ideen; Ideen, die, wenn man sie außerhalb ihres religiösen Zusammenhanges betrachtet, dieselbe unveränderliche Wahrheit verkündeten. Die Menschen begannen sich selbst gleichermaßen als Objekt wie auch als Subjekt des Universums zu sehen. Als Objekt, sterblich, flüchtig, verletzbar und ersetzbar; als Subjekt zu Lebzeiten begabt mit einer namenlosen, allgegenwärtigen, ewigen Kraft. Diese widersprüchliche Mischung und ihre situationsgerechte Anwendung vermittelten den Menschen ein neues Verständnis von Würde – die Fähigkeit, gleichzeitig stolz und einsichtsvollgläubig zu sein.

Vor rund zweieinhalbtausend Jahren fasste Gautama Buddha das Konzept der Menschenwürde und seine Umsetzung in acht einfache Regeln zusammen. Er legte damit das Fundament für eine Kultur, die unsere Welt länger beeinflusst hat als Jesu Christi Selbstopfer und Appell an unser Mitgefühl. Er schuf eine Weltkultur, die ihre Kraft aus der Würde bezieht.

Dutzende hochzivilisierter Reiche auf dem Festland und den Inseln Asiens kamen und gingen. Ohne Buddhas charismatische Einsicht wären sie in der Vorzeit stecken geblieben. Seine Ideen fanden ihren Weg in den Mittleren Osten, wo sie in monotheistischer Form zu neuer Blüte gelangten.

Seither besteht Geschichte aus der periodischen Verschiebung des Schwerpunkts. Entweder sahen sich die Menschen als Objekte oder als Subjekte im Universum – getrieben entweder vom Glauben oder von Aktionismus. Klöster und Schlachtfelder zeugen davon.

Seit damals hat sich nichts verändert. Keine neue Idee konnte an diesem Verständnis rütteln. Der sowohl aktive wie mitfühlende Mensch muss sein Reich erst noch erschaffen. Wir schweben noch immer zwischen Himmel und Erde.

Mit dem Wiederauftauchen dieser alten Sicht in einem christlichen Umfeld wurde in der Renaissance der Grundstein für die Aufklärung gelegt. Sie ruhte auf drei Säulen: der Befreiung von despotischen Gesellschaftssystemen, der Entwicklung der Naturwissenschaften und der Stärkung der moralischen Verankerung des Einzelnen. In den Köpfen der Verfechter der Aufklärung waren die drei Elemente eng miteinander verbunden. Für sie war es selbstverständlich, dass nur in einer freien Gesellschaft von Menschen mit Selbstachtung das Individuum Glück und Erfüllung finden kann. Im 18. Jahrhundert war der Gedanke, dass eine freie Gesellschaft auf geistig versklavten Individuen basieren könnte, inakzeptabel. Ebenso war es undenkbar, dass Erkenntnisse der Natur- und Gesellschaftswissenschaften das Überleben der Menschheit gefährden könnten.

Nun, da Wissenschaft als Maßstab für unser Handeln an die Stelle der Religion tritt, ist ein neues Verständnis im Entstehen begriffen. Es birgt viele Fallgruben. Das Überleben der Menschheit wird von der richtigen Umsetzung dieses Verständnisses abhängen. Nur wenn wir, ohne der Natur Gewalt anzutun, nach Vorstellungen leben, die eine universelle Realität widerspiegeln, nur wenn wir akzeptieren, dass wir ein Verantwortung tragender Teil der uns umgebenden Natur sind, werden wir Erfolg haben.

DER WÜRDEVOLLE UND DER VIRTUELLE MENSCH

Wenn man die erstaunlichen Errungenschaften der letzten zweihundert Jahre betrachtet, so erkennt man, dass uns die Aufklärung die Werkzeuge in die Hand gegeben hat, um die Natur beherrschen zu können. Wir haben derzeit eine Gewinnsträhne und akzeptieren keinerlei vorsichtige Einwände. Die Erfolge sind nur allzu überzeugend. Ein Blick auf den Zustand der Menschheit am Anfang des 3. Jahrtausends zeigt, dass die Demokratie eine Kraft geworden ist, die überholte politische Strukturen in globalem Ausmaß verändert. Sie befreit Millionen Unterdrückter, die sich nun mit Energie an dem beteiligen, was zu einer fixen Idee wurde: an der materiellen Entwicklung.

Doch bei genauerem Hinsehen können wir erkennen, dass mit der politischen Befreiung eine neue Unterwerfung unter eine die Welt vereinende Idee stattfindet, der ein spiritueller Kern fehlt und die nicht weiß, in welche Richtung es weitergehen soll – sieht man von der Propagierung der Demokratie und der globalen Marktwirtschaft einmal ab. Das einzige Ziel besteht darin, die Herstellung und Verteilung einer ständig wachsenden Zahl neuer Produkte zu erleichtern. Um funktionieren zu können, braucht die globale Marktwirtschaft dazu eine Basis ähnlich denkender und fühlender Käufer, eine Masse unkritischer Konsumenten, die den Mehrwert produzieren, der für die Entwicklung neuer Produkte notwendig ist. Die oberste Pflicht der Medien ist es dabei, die Wahrnehmung von der Welt als einen großen Marktplatz zu synchronisieren und die Menschen in nützliche Konsumenten zu verwandeln.

Künstlern jeder Richtung – Dichtern, Komponisten, Musikern – ist es gelungen, dem namenlosen Etwas, das wir alle in uns tragen, Ausdruck zu verleihen und auf das Geheimnis des Daseins hinzuweisen. Dieses auf der Sprachebene noch immer Namenlose hat, wie das Licht, das erleuchtet und wärmt, keine feste Form. Die Massenmedien haben Schwierigkeiten, diese vage Entität zu vermitteln. Einzigartige Werte wie die Menschenwürde passen nicht in die vorherrschenden sozioökonomischen Denkschemata, haben keinen Bezug zur Kapitalvermehrung und -nutzung.

Zu leben, ohne der Vergänglichkeit des Menschen Beachtung zu schenken, zu denken, dass die materielle Eroberung der Welt das Glück schaffen wird, nach dem wir alle streben, ignoriert die Tatsache, dass große Zivilisationen nur gedeihen können, wenn sie nicht gegen die grundlegenden Gesetze der Natur verstoßen. Rücksichtslosigkeit, Egoismus und Habgier, die einen unkontrollierten Markt antreiben, können kurzfristig Erfolge bringen, doch sie stehen im Widerspruch zum Wesenszug der Natur, die uns umgibt, deren Grundgesetz der Ausgleich ist. Ein solcher Zustand in der menschlichen Entwicklung ist ein Zeichen für das Verschwinden des würdevollen und das Erscheinen des virtuellen Menschen.

Wir verlieren den Bezug zur Wirklichkeit, wenn wir fern der Natur leben, wenn wir den Wind auf unserer Haut nicht mehr spüren, wenn wir nicht mit Ehrfurcht den Sternenhimmel betrachten und uns unseres gemeinsamen Schicksals bewusst sind. Unsere Vorfahren, die das Dunkel mit dem Licht eines Kienspans erhellten, konnten sich dieser Wahrheit nicht entziehen, die sich ihnen Nacht für Nacht, Gewitter für Gewitter, immer wieder von neuem offenbarte. Ihr überschaubarer Raum hielt sie davon ab, sich Privilegien herauszunehmen und scheinbar unerschöpfliche Ressourcen gedankenlos auszubeuten. Ihre Vorstellung von der Natur war bodenständig und deshalb kannten sie ihren Platz in der Natur, und so erkannten und akzeptierten sie auch, dass alles ständig in Bewegung ist und dass sie mit der Natur und nicht gegen sie leben müssen.

Im Vergleich mit ihnen erscheint das moderne Leben seicht und entfremdet. Wir füllen es von Minute zu Minute mit Aktionen, Ereignissen und Zerstreuungen und verbergen Widersprüche hinter den Mauern von Schlachthöfen, Krankenhäusern und Gefängnissen. Es ist eine künstliche Welt, die auf verzerrten Wahrnehmungen beruht, die wir konstruiert haben. Sie ist aber so überwältigend, dass der Durchschnittsmensch vor einer Kritik an ihr zurückscheut oder einfach so damit umgeht, wie er es gewohnt ist – er wechselt den Kanal oder das Thema und rät dem Kritiker, einen Psychiater zu konsultieren.

Wenn wir in der Geschichte zurückblicken, fragen wir uns oft, warum die Menschen die Widersprüchlichkeiten ihrer Zeit nicht erkennen konnten. Wir befinden uns in der gleichen Situation. Die Fakten und gängigen Werte, unter denen wir begraben werden, können auch wir nicht als eine weitere sich bald verflüchtigende Ideologie erkennen; sie blockieren unser Sehvermögen. Das befreit geglaubte Individuum verschwindet von neuem in diesem Circulus vitiosus, so wie es in Zeiten des politischen Despotismus verschwand.

Diese überwältigende Kraft, der wir gegenüberstehen, ruht diesmal aber nicht in der Skrupellosigkeit eines Diktators. Sie ruht in unserem naiven Glauben, dass die mitgefühllose Eroberung und Ausbeutung der Natur und des Mitmenschen zu unser aller Vorteil ist. Wir ernten die Früchte ohne Bescheidenheit, als ein von Gott gegebenes Privileg. Der Preis, mit dem wir bezahlen, ist der aufrechte Gang – das Markenzeichen des freien, vorurteilslosen, würdevollen Menschen.

Die Zeichen nehmen zu, dass das Ergebnis über uns und zukünftige Generationen Leid in einer nie dagewesenen Dimension bringen wird. Es tritt individuell auf, indem es uns den unkontrollierten Kräften des freien Marktes unterwirft, und für die Spezies durch die (sprichwörtliche) Zerstörung des fruchtbaren Bodens, der uns alle ernährt.

All dies hat seine Wurzeln darin, dass wir vergessen haben, dass die Urheber der Aufklärung und ihre Vorläufer, die Weisen Griechenlands und die des Mittleren Ostens und Asiens, stets die größte Betonung auf die Entwicklung des Einzelnen als unabhängiges, mitfühlendes und verantwortungsbewusstes Wesen legten – auf seine Fähigkeit, moralisch und tugendhaft zu sein.

WÜRDE UND MITGEFÜHL

Im Gegensatz zum Stolz kann die Würde nur in einem altruistischen Umfeld gedeihen. Stolz erwächst aus Macht, materiellem Erfolg, Besitztum – den Werkzeugen, um die eigene Umgebung zu kontrollieren. Würde hingegen basiert auf der Fähigkeit des Menschen zu leiden, zu verstehen, dass es unveränderliche Bedingungen gibt, die man akzeptieren muss. Zu begreifen und zu verinnerlichen, dass wir ein integraler Bestandteil der Natur und nicht ihr Meister sind, ist eine Vorbedingung für Würde. Fehlt diese, so tritt vergänglicher Stolz bei jeder unserer Gesten an die Stelle der Würde.

Tugend, das Wort, das in der modernen Wahrnehmung der Welt an Boden verloren hat, bedeutet, dass wir uns einer Eigenschaft bewusst sind, die uns mit den Wurzeln unseres Menschseins verbindet. In unserem Streben nach weltlichen Zielen ist der Umgang mit ihr allzu mühsam geworden. Informiert zu bleiben, unseren Vorteil zu nutzen, erfordert unsere volle Aufmerksamkeit. Wir haben schlicht keine Zeit, uns mit Tugendhaftigkeit herumzuschlagen.

Eine Gesellschaft, die kurzlebige Ziele verfolgt, plant nur selten über die wachsenden Bedürfnisse der gerade lebenden Generation hinaus und richtet sich nicht nach Wertvorstellungen, in denen auch Würde ihren Platz hat. Sie folgt einer weltlichen, marktorientierten Philosophie, die keinerlei Verantwortung mehr für den Zustand der Menschheit als Ganzes übernimmt. Aufgrund ihrer eigenen Definition fragt sie nicht mehr nach der zeitlosen *raison d'être* des Menschen und hat sich dadurch selbst in eine Sackgasse manövriert. Der verheerende Mangel an Würde in den Schluchten heutiger Großstädte ist ein überzeugendes Zeichen dafür, dass wir nichts aus der Vergangenheit gelernt haben.

Nicht die unter einer Lawine von Zahlen und Daten begrabenen Menschen der Gegenwart, sondern die aufgeklärten, gebildeten Männer und Frauen im Übergang zum 19. Jahrhundert waren die letzten universellen Menschen. Sie standen im Zenit der Entwicklung des Individuums. Viele von ihnen waren bedachte, tugendhafte und verantwortungsbewusste Menschen, für die Geschichte mehr als die Abfolge von Genealogien und wirtschaftlichen Veränderungen bedeutete. Für sie war auch die geistige und spirituelle Entwicklung Richtschnur für die Bewertung von Fortschritt.

Weltweite Kommunikation und Transport sind dabei, die letzten Nischen isolierter Lebensstile zu erreichen, von Weltanschauungen, die sich in der Vergangenheit kulturübergreifend gegenseitig befruchteten. Wann immer Nationen eine falsche Richtung einschlugen, einem Weg der Selbstzerstörung folgten, kam aus diesen Nischen alternativer Werte die Kraft, die jene Wunden heilte, die der Mensch in seiner Megalomanie verursachte. Heute werfen die Länder des Südens, wenn sie die fragwürdige Erfolgsgeschichte des Westens kopieren, ihr ererbtes Wissen schneller über Bord, als sie es durch neue Werte ersetzen können, die im Einklang mit ihrer Umgebung und ihrer prekären ökologischen Situation stehen. Nach Jahrhunderten wirtschaftlicher Enteignung folgt nun eine Generation kulturell enteigneter Individuen.

Wirft man einen Blick auf die Bevölkerung der Megastädte des Südens, so erkennt man, dass sich unser »aufgeklärtes« Verständnis in keiner Weise von der ehemaligen kolonialen Perspektive unterscheidet. Wir blicken ohne Mitgefühl auf sie, sehen sie nicht als Menschen, sondern so, wie sie in den Medien dargestellt werden, als entwurzelte Emigranten und billige Arbeitskräfte, und als solche werden sie auch ausgebeutet. Sobald die Gesetze der Marktwirtschaft als »universell gültig« in unseren Köpfen internalisiert und verankert sind, wird Mitgefühl eine unnötige Last. Wir entledigen uns seiner und damit auch unserer eigenen Würde. Es gibt keine Würde ohne Mitgefühl, so wie es kein echtes Lachen ohne Freude und kein Sehen ohne Licht gibt.

Fast in der gesamten Geschichte der Menschheit war die Unterdrückung des Menschen durch den Menschen die Regel. Unter diesen Umständen konnte eine Emanzipation nicht ohne blutige und zumeist schlecht durchdachte Revolutionen erfolgen. Heute sind mehr als zweihundert Jahre seit der Entstehung der Verfassung der Vereinigten Staaten, seit dem Ruf der Enzyklopädisten nach Gerechtigkeit und mehr als fünfzig Jahre seit der Deklaration der Menschenrechte vergangen und noch immer funktioniert die Selbstunterdrückung des Menschen, diesmal unter dem Vorwand notwendiger Marktanpassungen.

Die westliche Kultur ist so sehr mit der Anhäufung weltlicher Güter beschäftigt, dass eine mitfühlende Weltsicht zu etwas Zweitrangigem, ja, Schwächlich-Negativem geworden ist; nur wenn sie nicht unsere Fähigkeit zum Konsum bedroht, beschäftigen wir uns mit ihr. Wir haben sie aus unseren Seelen verbannt und zur kommerziellen Verwaltung der Sozialfürsorge und der Entwicklungshilfe anvertraut.

Nur ein einziger unvoreingenommener Blick auf die Verteilung des Reichtums in dieser Welt macht deutlich, dass die meisten Menschen am Beginn des 3. Jahrtausends unnötigerweise unter so schwierigen Verhältnissen leben, dass sie keine Möglichkeit haben, ihre angeborenen Fähigkeiten einzusetzen. Nicht nur sie, die gesamte Menschheit hat dafür einen hohen Preis zu zahlen. Das Versprechen der Enzyklopädisten wartet noch immer darauf, erfüllt zu werden.

DIE SUCHE GEHT WEITER

Die Suche nach der Würde des Menschen hat uns in Regionen geführt, in denen die rapide Transformation der Wahrnehmung des Menschen von sich selbst in den vergangenen fünfzig Jahren nur einen geringen Einfluss hatte. Es sind Gegenden, in denen im Rousseauschen Sinne die Menschen immer noch von den Früchten dessen leben, was sie selbst gesät haben und das sie genauso zufrieden stellt wie ihre Vorfahren. Es sind Regionen, wo das moderne gesellschaftliche und politische System die Stammes- oder Dorfstruktur noch nicht verändert hat. Solche Orte sind heute selten geworden, wie auch die Menschen, die einem Beruf aus Tradition und Stolz nachgehen. Sie klammern sich an ihre kleine Welt, weil sie ihnen Anerkennung und Würde bietet, weil sie durch sie immer noch mit dem Unbegreiflichen verbunden sind.

Sobald das Schleusentor geöffnet ist, sieht sich der Bauer, der sich davor als Fachmann, als verehrtes Haupt der Familie, als zwischen Himmel und Erde agierend begriff, als in Lumpen gehüllten, ungebildeten, armen und hilflosen Menschen, dem es an allem Notwendigen fehlt, um in der globalen Wirtschaft überleben zu können. In Wirklichkeit hat sich nicht viel verändert, er hat nur seine Würde in einer Gesellschaft verloren, die auf materiellen Gewinn ausgerichtet ist.

Menschen zu fotografieren, die dieser Selbstsicht noch nicht unterliegen, heißt, lebendige Fotografien der Vergangenheit zu machen, in Erinnerung zu rufen, was einmal war. Dann ist Würde nicht mehr widersprüchlich, sie wird für den Betrachter, der noch nicht von einer materialistischen Klassifizierung seiner Mitmenschen geleitet ist, wahrnehmbar. Die Würde, die aus diesen Fotos spricht, erinnert uns daran, was unsere Gesellschaft dringend bewahren muss. Die Bilder zeigen, was im Kern der Bill of Rights steckt, was die Deklaration der Menschenrechte einfordert und verteidigt – die Würde, jene verletzliche Essenz, die uns erst zu Menschen macht.

DANK

Alles ist miteinander verbunden und verwoben. Dieses Buch ist das Ergebnis der Bemühungen sehr vieler Menschen, die darin jeweils ihre Spuren hinterlassen haben. Fantasie, moralische Unterstützung, Kreativität und Vorausblick sind die unsichtbaren Faktoren, das Rückgrat, das ein Projekt wie das unsere trägt. Mehr Menschen, als hier auf dieser Seite Erwähnung finden können, haben zu dem Buch einen Beitrag geleistet.

Sabine und Renate, deren Namen nicht auf der Titelseite erscheinen, müssen als Erste und Wichtigste genannt werden. Sie haben uns auf jedem Schritt des Weges begleitet. Sie haben alle Härten mit uns ertragen, und wir hatten die Freude und den Spaß, mit ihnen zusammen zu reisen. Sie brachten den weiblichen Aspekt in ein Abenteuer ein, das ansonsten trocken-männlich geworden wäre. Ohne Sabines grenzenlosen Optimismus und ihre professionelle Weitsicht hätten wir mehr als einmal aufgegeben, und ohne Renates unverwüstliche Lebensfreude – von den kulinarischen Meisterleistungen, die sie mitten im Nirgendwo vollbrachte, ganz zu schweigen – wäre der Spaß nur halb so groß gewesen.

Dann ist Pia zu nennen, die uns hätte begleiten sollen. Aber jemand musste zu Hause bei den Kindern bleiben. Sie meldete sich freiwillig und sie weiß, wie dankbar wir ihr sind. Die kleinen Überraschungen, die sie uns unbemerkt in unsere Ausrüstung packte, zeugten von ihrem Vorausblick und ihrer Ahnung dessen, was auf uns zukam.

Wir waren immer auf Hilfe vor Ort angewiesen, doch wir hatten das Glück, stets die richtigen Menschen an Ort und Stelle zu finden. In Äthiopien war das Aki Haddis, der halb deutsche, halb äthiopische Reiseorganisator, der anscheinend jeden Zentimeter des Landes kennt. Unsere Fahrer: der junge Getu, der uns nie im Stich ließ, und Sirak, dieser Hüne von einem Mann, waren mehr als nur Fahrer – sie wurden Freunde. Und dann war da noch Workayu. Wie Sirak war er ein gut aussehender, intelligenter und unglaublich zäher Sohn seines Landes. Er starb an einer unbekannten Krankheit, als wir wieder in Deutschland waren. Wir werden ihn nie vergessen.

In der Wildnis am Omo waren es Susan und Nassos Roussos, die uns mit Freuden ihr Camp als Basis anboten. Ohne diesen Stützpunkt hätten wir nicht in Ruhe und Sicherheit arbeiten können. Später, bei den Borana, machten Jordan Holtam von Care und Cheru Duba, der erfahrene Borana-Kontaktmann, unser Camp in dieser unsicheren Region möglich. Dafür, dass wir bei den Samburu bleiben durften, sind wir Malcolm Gascoigne dankbar, diesem Urbild eines Schotten, der mit den Samburu lebt und uns sein Yare Camp in Maralal als Stützpunkt anbot.

Ohne Kailash Parashar in Pushkar wären wir in der Pilger- und Besuchermenge untergegangen. Seine Hilfe und sein Einfluss in der Region verschafften uns den Raum und die Unterstützung, die wir für unsere Arbeit brauchten. Ohne ihn wären wir vermutlich nur ein paar weitere Kamera schwenkende Touristen gewesen. Wir hätten nie mit den nomadischen Rabari ziehen können, hätten wir nicht in unserem Führer Mangar Sumar einen Meister der örtlichen Dialekte gehabt. Und in Delhi war es Baljeet Malik, in dessen Raj-Domizil wir uns von den anstrengenden Stunden auf dem Sis Ganj Sahib erholen konnten. Doch weder die Aufnahmen in Gujarat noch die im heiligen Tempel der Sikhs wären ohne die Hilfe von Christiane Brosius möglich gewesen, deren kunstgeschichtliche Professionalität eng mit ihrer Liebe und ihrem tiefen Verständnis für Indien verbunden ist.

Im Laufe der Jahre, in denen wir in Myanmar und Thailand waren, haben uns zahllose Leute geholfen. Wir können hier nur einige wenige nennen, die anderen wissen von unserer Dankbarkeit. Die Reise in den kurz nach einem Bürgerkrieg stehenden Kachin-Staat wäre ohne die Unterstützung des damaligen Botschafters von Myanmar in Bonn, Win Aung, nicht möglich gewesen; M.C. Myo Min und Tin Aung Myint sorgten dafür, dass sie nicht in einer Katastrophe endete. Von den verschiedenen Kontaktleuten, die uns auf den Exkursionen begleiteten, half uns Hubert Ca Lian Rhang in Kalemyo bei der Fahrt in die Chin-Berge und Aung Hlatun begleitete uns zum Manao-Fest in Myitkyina. Beide taten sie weit mehr, um den Erfolg unseres Projekts sicherzustellen, als von ihnen verlangt wurde.

Unser besonderer Dank gilt Saw Po Sha, unserem christlichen Karen-Kontaktmann und Freund, der uns moralische Unterstützung gab und ein unermüdlicher Führer und Übersetzer war. Unsere Exkursion im nördlichen Thailand an der Grenze zu Myanmar wäre ohne Thawach Surathep, unserem Freund Khun Ti, undenkbar gewesen. Selbst ein begeisterter Reisender, wusste er, wonach wir suchten und wo wir es finden können. Er war mehr als ein Führer, er war ein Mitglied unseres Basisteams. Wir haben Klaus Walkhoff, der uns auch in die Chin-Berge begleitete, und Manfred Schaupp zu danken, den High-Tech-Spezialisten, die unsere Vision verstanden. Sie konstruierten das hochmoderne Studio, das es uns ermöglichte, professionelle Fotografie in Regionen zu betreiben, die normalerweise nur 35-mm-Kameras vorbehalten sind.

Das tragbare Studio durch den Himalaya zu transportieren konnte nur mit der engagierte Hilfe von ortsansässigen Bhutanern gelingen, die den Sinn unseres Unternehmens erkannten. Unser Dank geht an Dasho Karma Letho, den ehemaligen Vorsitzenden des Königlichen Beratungsausschusses, der uns zusammen mit dem damaligen Außenminister von Bhutan, Lyonpo Jigmi Thinley, Türen öffnete, die uns sonst verschlossen geblieben wären. Auch an Dasho Sangey Wangchuk, den damaligen Sekretär des Sonderausschusses für kulturelle Angelegenheiten, geht unser Dank ebenso wie an die Dzongdags der Regionen, die wir besuchten. Dank ihrer Vermittlung durften wir in Dzongs und Lhakhangs fotografieren, die Ausländern sonst verschlossen sind. Auch Günters Sohn Tim und für den die Fotoexpedition nach Bhutan der erste Einsatz dieser Art war, hat dem Projekt entscheidend geholfen. In viereinhalbtausend Meter Höhe war es wichtig, einen jungen Mann in unserer Mitte zu haben, der trotz der Höhe zu jeder Zeit fröhlich zupacken konnte.

Wir danken all den warmherzigen und ausdauernden Bhutanern, die uns auf unseren wochenlangen Trecks durch die Berge begleiteten. Yangkhu, Tashi, Dawa und Sonam, um nur vier von ihnen zu nennen, gaben uns einen Begriff von der wachen Intelligenz, die dieses Himalaya-Volk auszeichnet.

Unser Dank geht auch an Sonam Kinga, den weit gereisten bhutanischen Gelehrten, der unser Projekt wissenschaftlich begleitete; desgleichen an Chambula Dorji, der uns nicht nur ein Zuhause in Thimphu verschaffte, sondern uns auch sonst half, wo immer er konnte.

Zum Schluss muss noch gesagt werden, dass die Fotografien nie so brillant geworden wären, wie sie sind, hätte Sabine Seitz die Unmenge an Material nicht mit so viel Enthusiasmus und Feingefühl konservatorisch archiviert und hätten Holger Goertz-Heads und Daniel Henschel-Feinkorn unsere Negative und Dias nicht zu perfekten High End Scans für die digitale Weiterverarbeitung gemacht.

Wir danken ferner Dr. Till Tolkemitt – ohne ihn gäbe es diese erweiterte Neuauflage von Unantastbar nicht. Johannes Paus, der das neue Layout entwickelte, und Ekkehard Kunze, der die Redaktion der vorliegenden Ausgabe übernahm, gaben dem Buch die vorliegende Form.

Alle erwähnten Personen und die vielen Menschen, die ungenannt blieben, haben einen Beitrag geleistet, waren von unschätzbarem Wert und haben dieses Buch erst möglich gemacht. Dank ihnen allen – nichts steht für sich allein, alles ist miteinander verbunden.

GÜNTER PFANNMÜLLER UND WILHELM KLEIN
Frankfurt am Main/Koh Samui

GÜNTER PFANNMÜLLER FOTOGRAFIERT BAMARFRAUEN; MOKSOBO, MYANMAR. (FOTO: SABINE SEITZ)

WILHELM KLEIN MIT JUNGEN MÖNCHEN IM MAHA-GHANDA-KLOSTER; AMARAPURA, MYANMAR.

Erweiterte Neuausgabe, Dezember 2008.
Copyright © 2008 by Zweitausendeins.
Postfach, D-60381 Frankfurt am Main. www.Zweitausendeins.de.

Fotografien und Essays: Copyright © 2002, 2008 by Günter Pfannmüller and Wilhelm Klein;
Vorwort: Copyright © 2002 by Wade Davis.

Alle Rechte vorbehalten, insbesondere das Recht der mechanischen, elektronischen oder fotografischen Vervielfältigung, der Einspeicherung und Verarbeitung in elektronischen Systemen und Kommunikationsmitteln, des Nachdrucks in Zeitschriften oder Zeitungen, des öffentlichen Vortrags, der Verfilmung oder Dramatisierung, der Übertragung durch Rundfunk, Fernsehen oder Internet, auch einzelner Text- und Bildteile. Der *gewerbliche* Weiterverkauf und der *gewerbliche* Verleih von Büchern, CDs, CD-ROMs, DVDs, Videos, Downloads, Streamings oder anderen Sachen aus der Zweitausendeins-Produktion bedürfen in jedem Fall der schriftlichen Genehmigung durch die Geschäftsleitung vom Zweitausendeins Versand in Frankfurt am Main.

Übersetzung (mit Ausnahme des Essays »Dem Himmel näher als der Erde«): Heike Rosbach.

Lektorat: Ekkehard Kunze (Büro Z, Wiesbaden).
Herstellung und Umschlaggestaltung: Dieter Kohler GmbH, Wallerstein.
Druck und Einband: appl druck GmbH & Co. KG, Wemding.
Printed in Germany.

Dieses Buch gibt es nur bei Zweitausendeins im Versand, Postfach, D-60381 Frankfurt am Main,
Telefon 069-420 8000, Fax 069-415 003.
Internet www.Zweitausendeins.de. E-Mail Service@Zweitausendeins.de.
Oder in den Zweitausendeins-Läden in Aachen, Augsburg, Bamberg, Berlin, Bochum, Bonn, Bremen, Darmstadt, Dortmund, Dresden, 2 x in Düsseldorf, Duisburg, Erfurt, Essen, Frankfurt am Main, Freiburg, Göttingen, Gütersloh, 2 x in Hamburg, Hannover, Karlsruhe, Kiel, Köln, Konstanz, Leipzig, Ludwigsburg, Mannheim, Marburg, München, Münster, Neustadt an der Weinstraße, Nürnberg, Oldenburg, Osnabrück, Speyer, Stuttgart, Trier, Tübingen, Ulm und Würzburg.

In der Schweiz über buch 2000, Postfach 89, CH-8910 Affoltern a. A.

ISBN 978-3-86150-880-9